Genehmigte Lizenzausgabe, 1995

First Published by 1992 by Kingfisher Books
© Grisewood and Dempsey Ltd. 1992

Übersetzung: Gisela Sturm, München
Deutsche Bearbeitung:
Rex Verlagsproduktion, München
Anke Fischer-Reymers, Landsberg

ISBN 3 8122 3606-0

Geschichte faszinierender Bauwerke

David J. Brown

Geschichte
faszinierender
Bauwerke

Von der Hütte bis zum Wolkenkratzer – wie die Gebäude geplant, konstruiert und gebaut wurden

Unipart-Verlag · Stuttgart

Inhaltsverzeichnis

Das Altertum

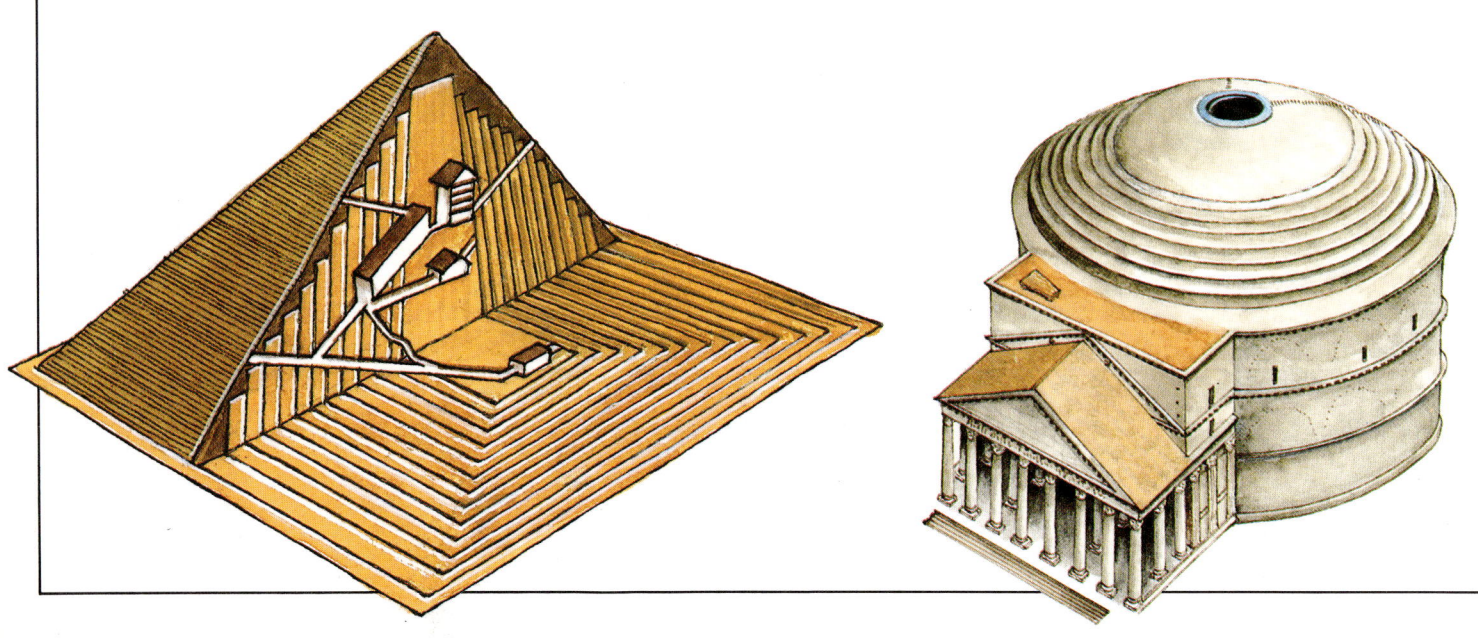

Das Zeitalter der Entdeckungen

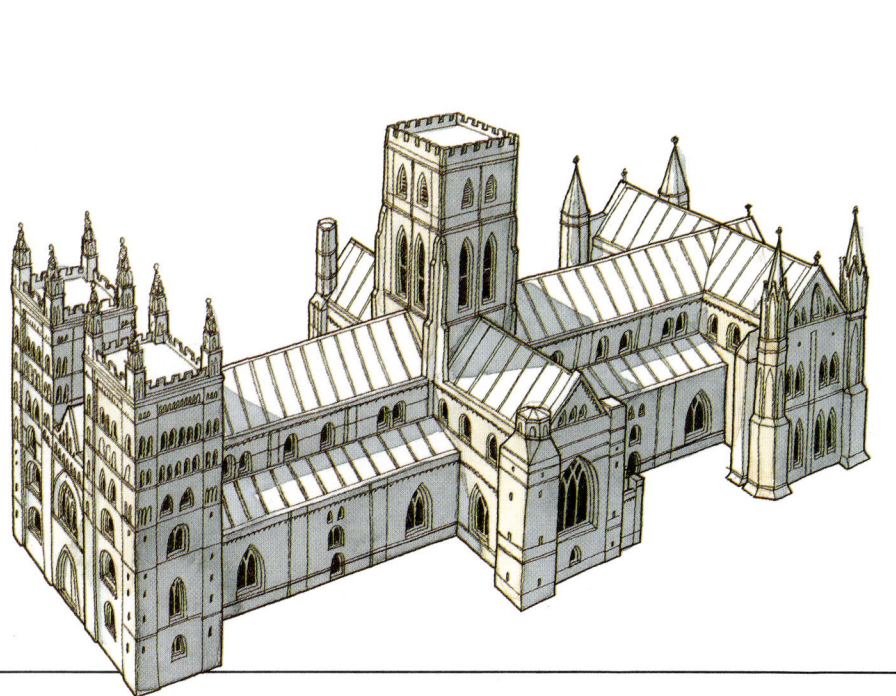

Die „neue" Technologie

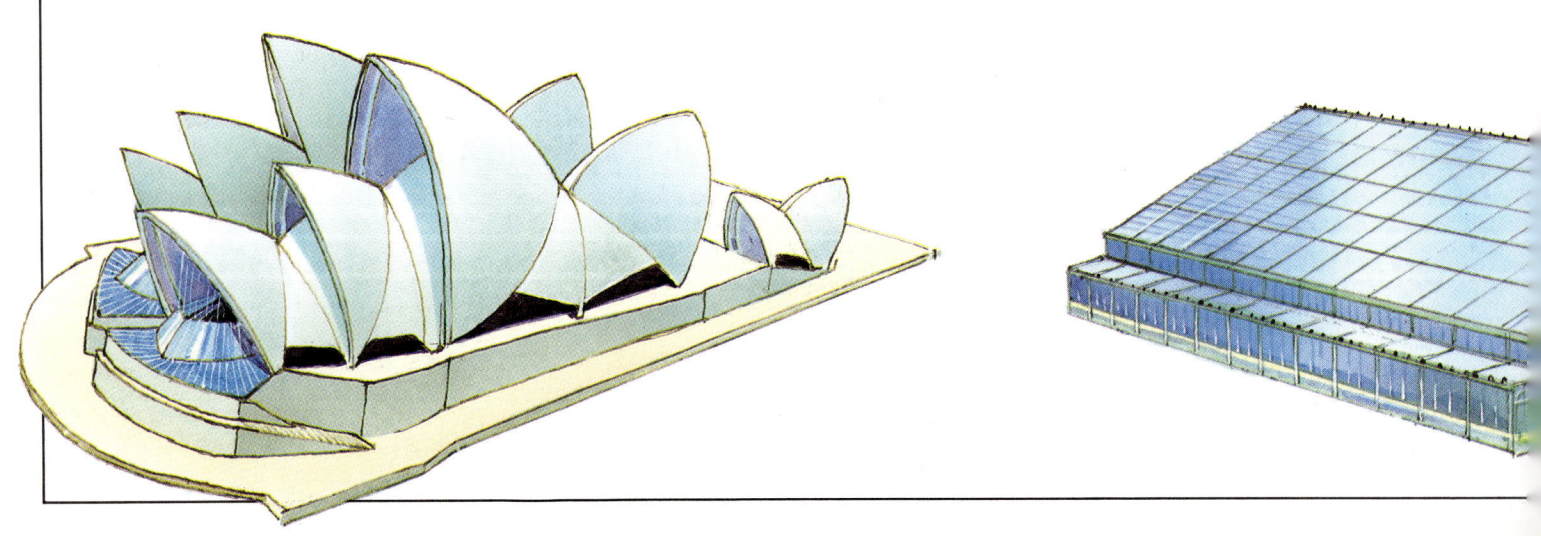

Die Zeit der Moderne

Die Welt
des Altertums

Der Titel dieses Buches lautet: **Wie sie gebaut wurden,**
doch könnte es angesichts all der noch ungelösten Fragen
auch heißen: *Wie wurden sie gebaut?* Angefangen bei den
frühesten, primitivsten Beispielen menschlicher Behausungen gelangen wir nach und nach zu den technisch hoch-
entwickelten Konstruktionen der heutigen Zeit – und zu
denen der zukünftigen Generationen. Die Geschichte der
Baukunst ist voller Spannung und natürlich voller Bauwerke
– und da ein Bauwerk dauern soll, war die Entstehung häufig mit bautechnischen Erfindungen und Neuerungen verbunden. Vergeßt jedoch nicht, daß jedes erhaltene Bauwerk
nur das sichtbare Zeugnis einer Epoche darstellt, in der es
noch viele Tausende anderer und einfacherer Häuser gab,
die mittlerweile längst zerstört sind. Beides ist von Bedeutung, denn beides wurde mit den Schätzen der Natur
gebaut. Im ersten Teil dieses Buches werden wir uns mit der
Entstehung der ersten menschlichen Behausungen und
ihrer Entwicklung bis hin zu den Bauwerken der Gotik
befassen.

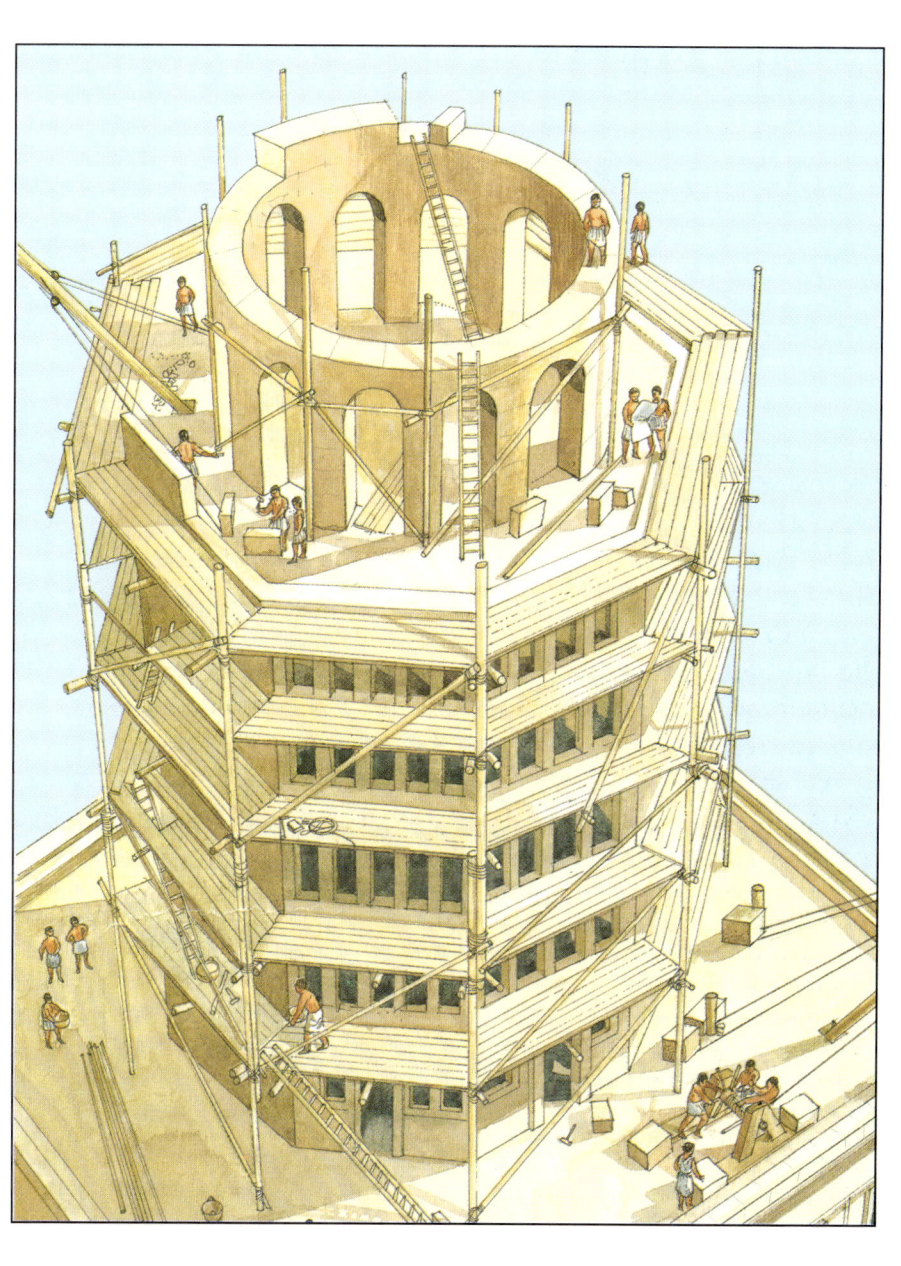

Die Behausungen der Vorzeit

Seit vielen Tausenden oder gar Millionen von Jahren leben Menschen auf dieser Erde. Dennoch ist die älteste Behausung, die wir kennen, nicht mehr als 12 000 Jahre alt. Allgemein wird angenommen, daß die Naturvölker in Höhlen hausten. Das mag auch stimmen, aber als die Menschen seßhaft wurden, da hatten sie sicher auch festere und vor allem dauerhaftere Wohnungen. Die Jägersippen der kälteren Länder bauten sich Hütten aus einem hölzernen Gestell, das sie mit Tierfellen abdeckten. Und wenn es an Holz fehlte, dienten die Knochen der gewaltigen Mammuts als Baumaterial. Diese Behausungen waren weitaus sicherer als die einfachen Höhlen, weil die Menschen sich nun zurückziehen konnten, wenn sie vor wilden Tieren oder herabstürzenden Felsbrocken Zuflucht suchten. Und das kam damals sehr häufig vor.

Höhlenmalereien

Diese 15 000 bis 20 000 Jahre alten Zeichnungen stammen aus der Zeit des Unteren Paläolithikums (Altsteinzeit). Sie wurden in Südfrankreich gefunden und stellen Hütten mit zentralen Stützpfeilern und geneigten Dachsparren dar. Ebenso wie die oben erwähnten jungsteinzeitlichen Hütten der Mammutjäger waren auch diese Behausungen meist aus Holz.

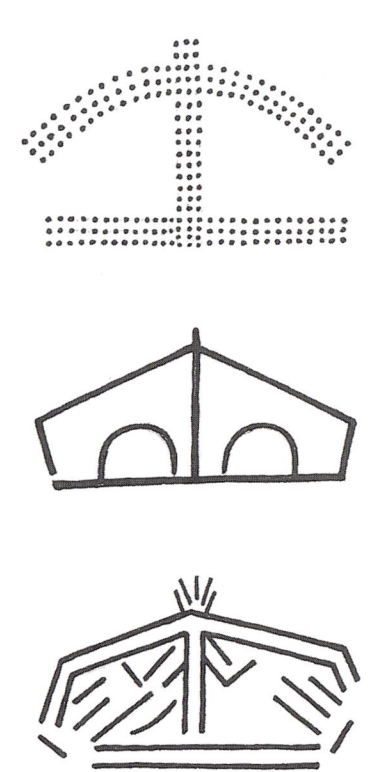

Das Holzgerippe

Als Tragwerk diente dick gebündeltes Schilf. Die Bündel wurden in zwei gegenüberliegenden Reihen fest im Erdreich verankert, paarweise zu Bögen geformt und an den Spitzen mit geflochtenen Fasersträngen verschnürt.

Das fertige Haus

Hier könnt Ihr Euch ein Bild über die Bauweise der Mesopotamier machen. Daß es solche Hütten gab, ist eine gesicherte Erkenntnis. Sie waren 20 Meter lang, 6 Meter breit und bis zu 3 Meter hoch. Unten an der Basis waren die Schilfbündel einen Meter dick. Diese luftige Bauweise wurde vor allem in den wärmeren Ländern bevorzugt, weil sie die Bewohner vor der Glut der Sonne schützte.

Das Dach

Die fertigen Rundbögen wurden mit Hilfe biegsamer Ruten waagerecht miteinander verbunden. Die Zwischenräume füllte man mit geflochtenen Matten aus Schilf. Diese Umwandung ging in einem Abstand von einem Meter über dem Boden in ein lockeres, bewegliches Flechtwerk über, das für Durchzug sorgte.

Die Baumaterialien

Schilf war der einzige Baustoff. Es wuchs an den sumpfigen Ufern der beiden Ströme Euphrat und Tigris, im heutigen Süden des Irak. Das Schilf wurde geschnitten, gebündelt und mit geflochtenem Schilfgras verschnürt.

Çatal Hüyük

Eine der ältesten Städte der Welt war Çatal Hüyük, die etwa 6 500 v. Chr. in der heutigen Osttürkei gegründet wurde. Die gut erhaltenen Funde offenbaren viel über den neolithischen Städtebau. Dort wurden auch die bedeutendsten Kultfiguren von Gottheiten gefunden. Die meisten dieser meist weiblichen Figuren entdeckte man in sogenannten Kulthäusern, die vor allem religiösen Zwecken dienten.

Die reichen Wasserquellen machten aus Jericho eine üppige Oase und einen natürlichen Garten. Und je mehr Menschen dort seßhaft wurden, desto rascher wuchs die Stadt. Um feindliche Angriffe abzuwehren, zogen die Einwohner eine massive Wehrmauer aus dickem Stein um die Stadt. Die von Ausgräbern freigelegten Ruinen lassen vermuten, daß die Mauer einst sieben Meter hoch war.

Das hölzerne Baugerippe
Die Baumeister von Çatal Hüyük verwendeten denkbar einfache Baustoffe. Zunächst einmal errichteten sie ein hölzernes Stützgerüst, dessen Seitenpfosten über Querbalken miteinander verbunden wurden. Für die Wände wurden Lehmziegel Lage um Lage aufeinandergeschichtet und durch einen Mörtel aus zähflüssigem Schlamm gebunden.

Einstieg über das Dach mit einer Holzleiter

Die Wände
Auf das fertige Mauerwerk kam ein dicker, klebriger Bewurf aus Stroh und Schlamm.

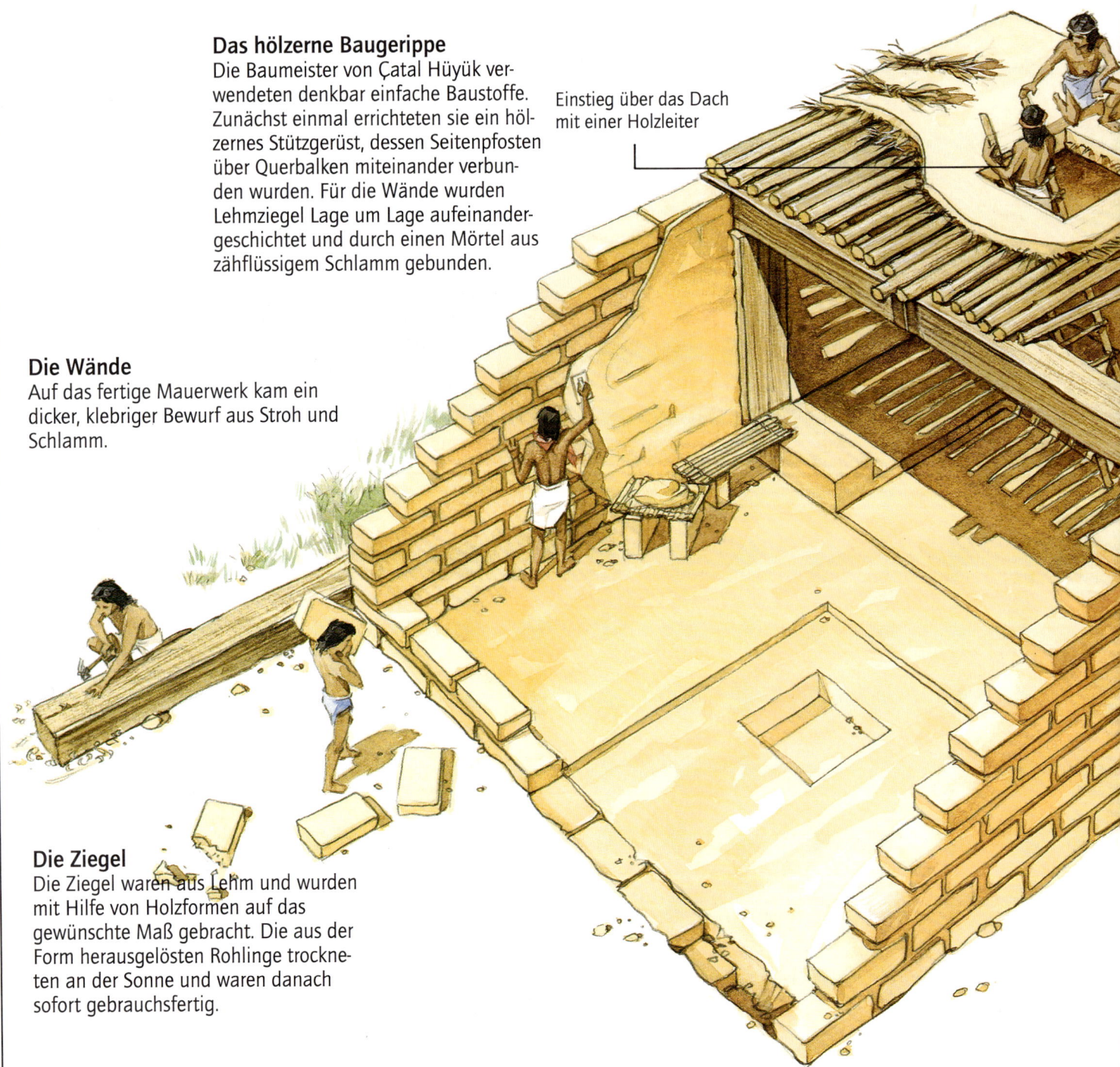

Die Ziegel
Die Ziegel waren aus Lehm und wurden mit Hilfe von Holzformen auf das gewünschte Maß gebracht. Die aus der Form herausgelösten Rohlinge trockneten an der Sonne und waren danach sofort gebrauchsfertig.

Das Dach

In Çatal Hüyük waren die Häuser dicht an dicht gebaut. Da die Häuserwände einander berührten, gab es keine Straßen. Um sich fortzubewegen, mußten die Einwohner über die Dächer steigen. Als Eingangstür diente eine Luke im Dach, und eine Leiter führte ins Innere der Häuser.

Der Plan der Stadt

Çatal Hüyük im türkischen Ostanatolien war wie Jericho gebaut. Die Stadt bestand aus einem dichten Gefüge von Häusern mit Flachdächern und Wänden aus Lehm.

Und weil die Häuser so eng beisammenstanden, gab es keine Straßen. Jedes Haus stand auf den Trümmern eines früheren Hauses. So erhielt die Stadt ihre merkwürdige terrassenförmige Gestalt.

Die Innenwände

Die Innenwände waren mit einer dünnen Kalkschicht bedeckt. Auf diesen Kalkverputz malten die Einwohner von Çatal Hüyük Bilddarstellungen und geometrische Muster in roter Naturfarbe.

Die Tempel

Einige Gebäude der Stadt dienten religiösen Zwecken. Diese heiligen Stätten waren mit Bildnissen von kopflosen Figuren und riesigen Raubvögeln ausgeschmückt. In die Wände hatte man Tierschädel eingelassen, sodaß die Figuren verblüffend echt wirkten. Und in den flachen Gräbern wurden die Toten bestattet.

Das Innere des Hauses

Auch die Innenausstattung der Häuser bestand damals aus einfachen Schlammziegeln. Niedrige Plattformen dienten als Bettstatt, ein höheres Gestell war der Tisch, und einen kleinen Ofen gab es auch.

Die ersten Ingenieure

Ab ungefähr 3000 v. Chr. wurden im heutigen Vorderasien die ersten Stadtstaaten gegründet. Einige dieser Namen – Uruk, Ur, Akkad, Babylon und Ninive – kennt Ihr vielleicht. Diese Städte lebten vom Ackerbau. Aber dazu brauchtes sie Wasser. In dieser ausgedörrten Landschaft wurde der Wasserbedarf hauptsächlich aus den beiden zu Überschwemmung neigenden Strömen Euphrat und Tigris gedeckt. Dafür baute man eine öffentliche Kanalanlage, die das Wasser aus den Flußgebieten über ein kompliziertes Bewässerungssystem auf die Kornfelder brachte.

Die Stufenpyramide

Ägypten war stets ein reiches Land. Inmitten weitläufiger Wüsten befindet sich ein Tal, das der lebensspendende Nilstrom einst in eine blühende Oase verwandelte. Schon vor den Pharaonen entwickelten sich dort die ersten Hochkulturen.

Das ursprünglich in Ober- und Unterägypten geteilte Land wurde später zum Reich der Pharaonen zusammengeführt. Wir wissen vom Kommen und Gehen früher Dynastien, von ihrer Bau-

kunst wissen wir allerdings wenig. Die großen Bauten der Dritten Dynastie von etwa 2700 v. Chr. haben wir der Erfindungsgabe und dem Werk eines einzigen Architekten zu verdanken. Er hieß Imhotep. Er war kein König, doch war er der Ratgeber des Königs. Und er war das erste Universalgenie, dessen Name uns schriftlich überliefert ist – Imhotep war ein Gelehrter, ein Astronom, ein Philosoph, ein Arzt und vor allem – ein Baumeister.

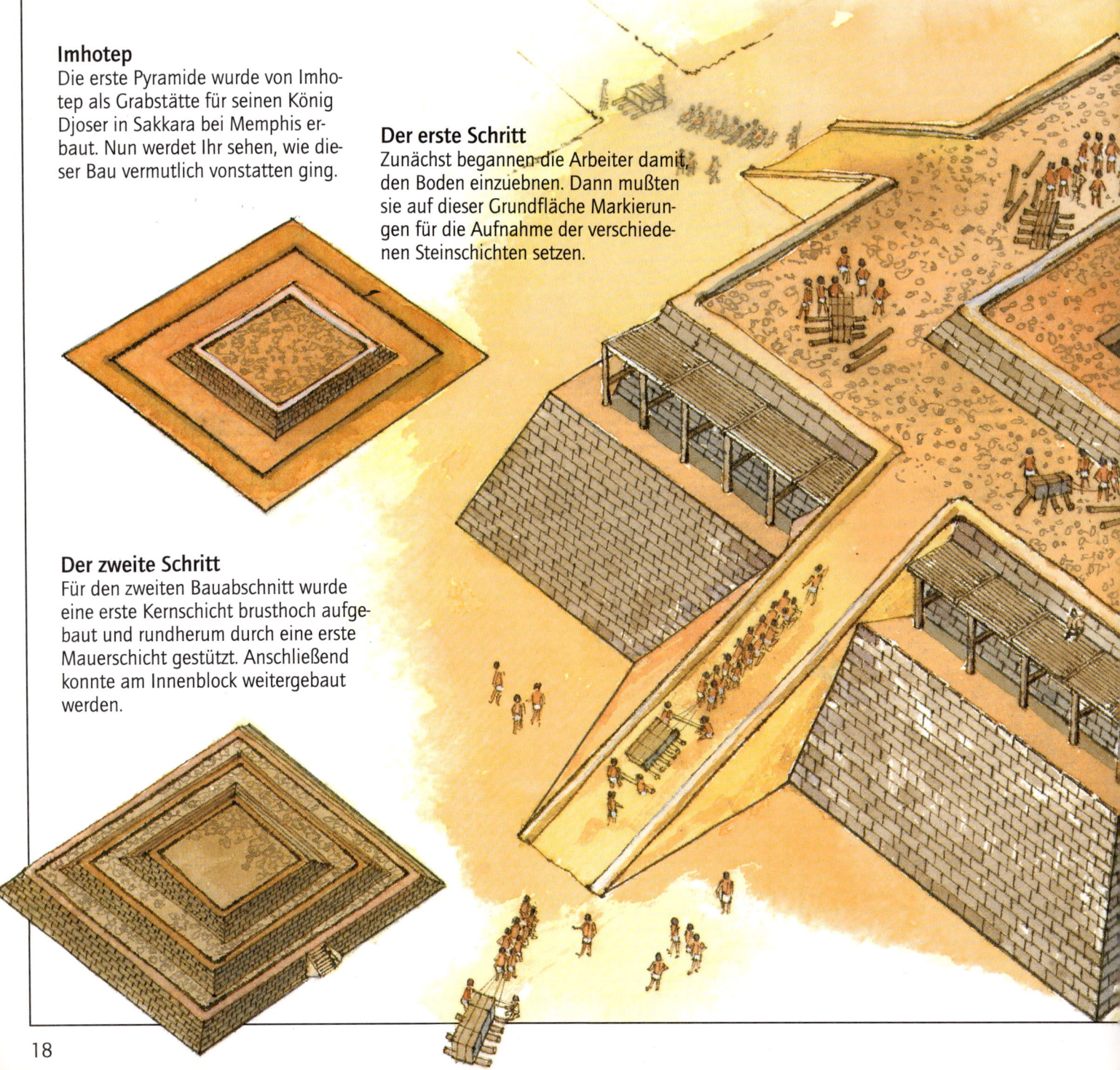

Imhotep
Die erste Pyramide wurde von Imhotep als Grabstätte für seinen König Djoser in Sakkara bei Memphis erbaut. Nun werdet Ihr sehen, wie dieser Bau vermutlich vonstatten ging.

Der erste Schritt
Zunächst begannen die Arbeiter damit, den Boden einzuebnen. Dann mußten sie auf dieser Grundfläche Markierungen für die Aufnahme der verschiedenen Steinschichten setzen.

Der zweite Schritt
Für den zweiten Bauabschnitt wurde eine erste Kernschicht brusthoch aufgebaut und rundherum durch eine erste Mauerschicht gestützt. Anschließend konnte am Innenblock weitergebaut werden.

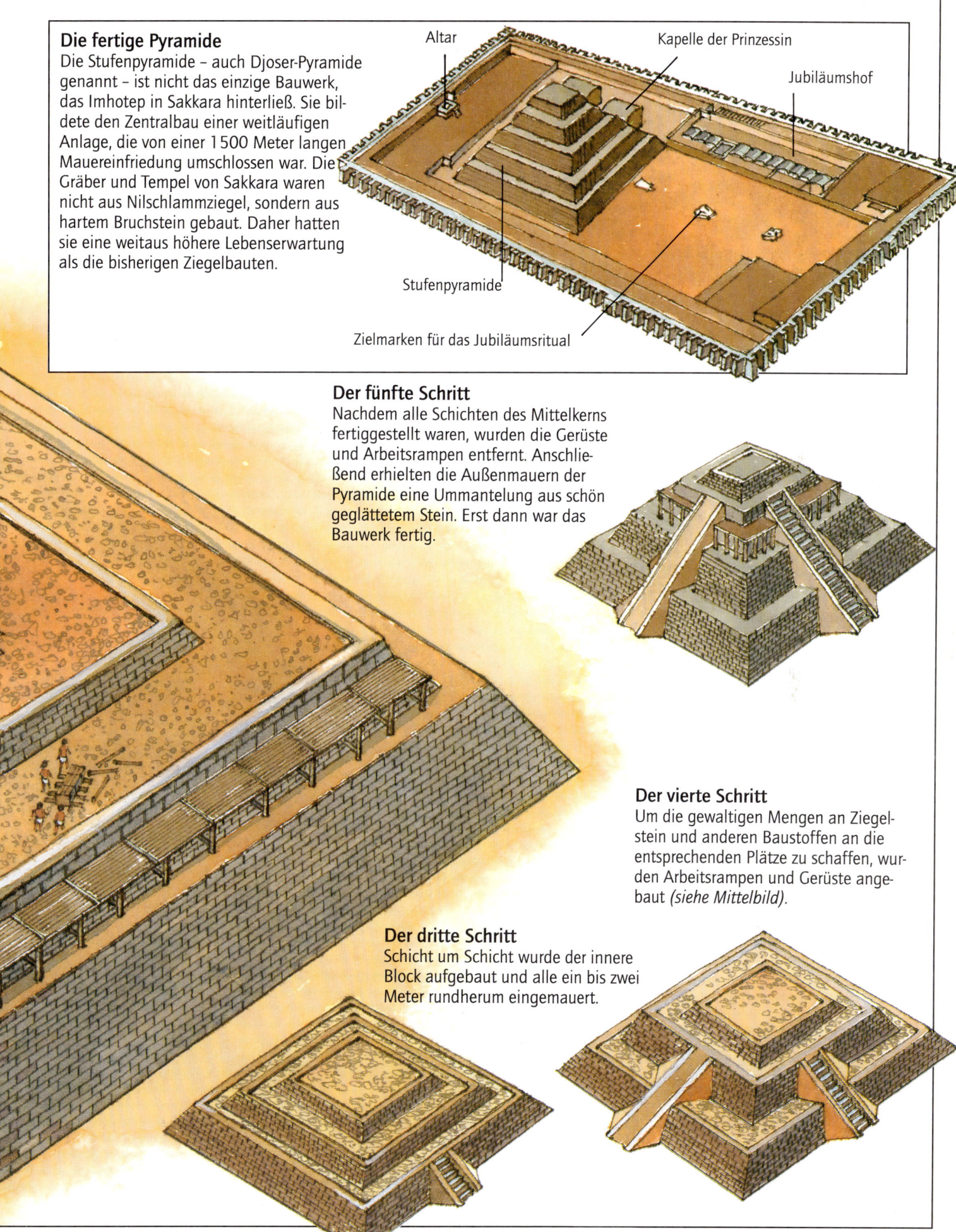

Die fertige Pyramide

Die Stufenpyramide – auch Djoser-Pyramide genannt – ist nicht das einzige Bauwerk, das Imhotep in Sakkara hinterließ. Sie bildete den Zentralbau einer weitläufigen Anlage, die von einer 1500 Meter langen Mauereinfriedung umschlossen war. Die Gräber und Tempel von Sakkara waren nicht aus Nilschlammziegel, sondern aus hartem Bruchstein gebaut. Daher hatten sie eine weitaus höhere Lebenserwartung als die bisherigen Ziegelbauten.

Altar

Kapelle der Prinzessin

Jubiläumshof

Stufenpyramide

Zielmarken für das Jubiläumsritual

Der fünfte Schritt

Nachdem alle Schichten des Mittelkerns fertiggestellt waren, wurden die Gerüste und Arbeitsrampen entfernt. Anschließend erhielten die Außenmauern der Pyramide eine Ummantelung aus schön geglättetem Stein. Erst dann war das Bauwerk fertig.

Der vierte Schritt

Um die gewaltigen Mengen an Ziegelstein und anderen Baustoffen an die entsprechenden Plätze zu schaffen, wurden Arbeitsrampen und Gerüste angebaut (siehe Mittelbild).

Der dritte Schritt

Schicht um Schicht wurde der innere Block aufgebaut und alle ein bis zwei Meter rundherum eingemauert.

19

Die Cheopspyramide

Nach dem Bau der ersten Pyramide wurden in einem Zeitraum von weiteren hundert Jahren noch andere und immer schönere Pyramiden nach derselben Technik errichtet. Den Höhepunkt bildete die um 2550 v. Chr. gebaute Pyramide in Gizeh. Sie befindet sich wenige Meilen nördlich von Sakkara und ist die wohl größte Pyramide aller Zeiten. Dieser Kolossalbau zu Ehren des Königs Cheops hat eine Länge von

230 Meter im Quadrat und war ursprünglich 146 Meter hoch (heute sind es 10 Meter weniger, weil die Außenummantelung später als billiges Baumaterial weiterverwendet wurde). Gleich daneben steht die kaum kleinere Chephrên-Pyramide. Die Cheopspyramide gehört zu den Sieben Weltwundern der Antike und gilt noch heute als eines der großartigsten Bauwerke seit Menschengedenken.

Die Pyramiden
Sie gelten nach wie vor als die kolossalsten Grabstätten aller Zeiten. Wie diese Bauten technisch überhaupt möglich waren (sie sind hochstabil und wiegen jeweils über 6000000 Tonnen), bleibt ein ungelöstes Rätsel für unsere Archäologen und Architekten. Auf den folgenden Bildern könnt Ihr nun sehen, welche Bautechniken möglicherweise angewandt wurden.

Die Hebelwerkzeuge
Seit einiger Zeit gilt die Auffassung, daß die Pyramiden nicht mit Hilfe von Baurampen, sondern lediglich unter Einsatz von Muskelkraft und einfacher Hebelwerkzeuge gebaut wurden.

Der Transport
Für die große Cheopspyramide wurden rund 2000000 Steinblöcke verbaut. Und weil die Ägypter das Rad noch nicht kannten, mußten sie jeden Stein mit einem Schlitten auf Rollen oder Holzplanken an seinen Bestimmungsort schleppen.

Die Cheopspyramide
Auf diesem Bild seht Ihr einen Ausschnitt der vollendeten Pyramide. Sie war Teil einer Anlage kleinerer Gräber und Tempel und über einen Damm mit dem Ufer des Nilstroms verbunden.

Der erste Schritt
Zunächst wurde die Grundfläche der Pyramide abgesteckt. Dann rückten die Arbeiter die Ecksteine an die präzise vormarkierten Stellen. Danach verteilten sie eine erste Lage von Steinblöcken über die ganze Fläche und setzten die Blöcke für die Kanten, um die Ecken miteinander zu verbinden.

Der zweite Schritt
Um die Ecksteine für die nächste Schicht zu plazieren, mußten mehrere Arbeiter den Steinblock gemeinsam hochhebeln, während ihre Kollegen eine Steinplatte darunterschoben. Das wurde so lange wiederholt, bis der Block auf die erste Stufe gehievt und an die richtige Stelle gesetzt werden könnte.

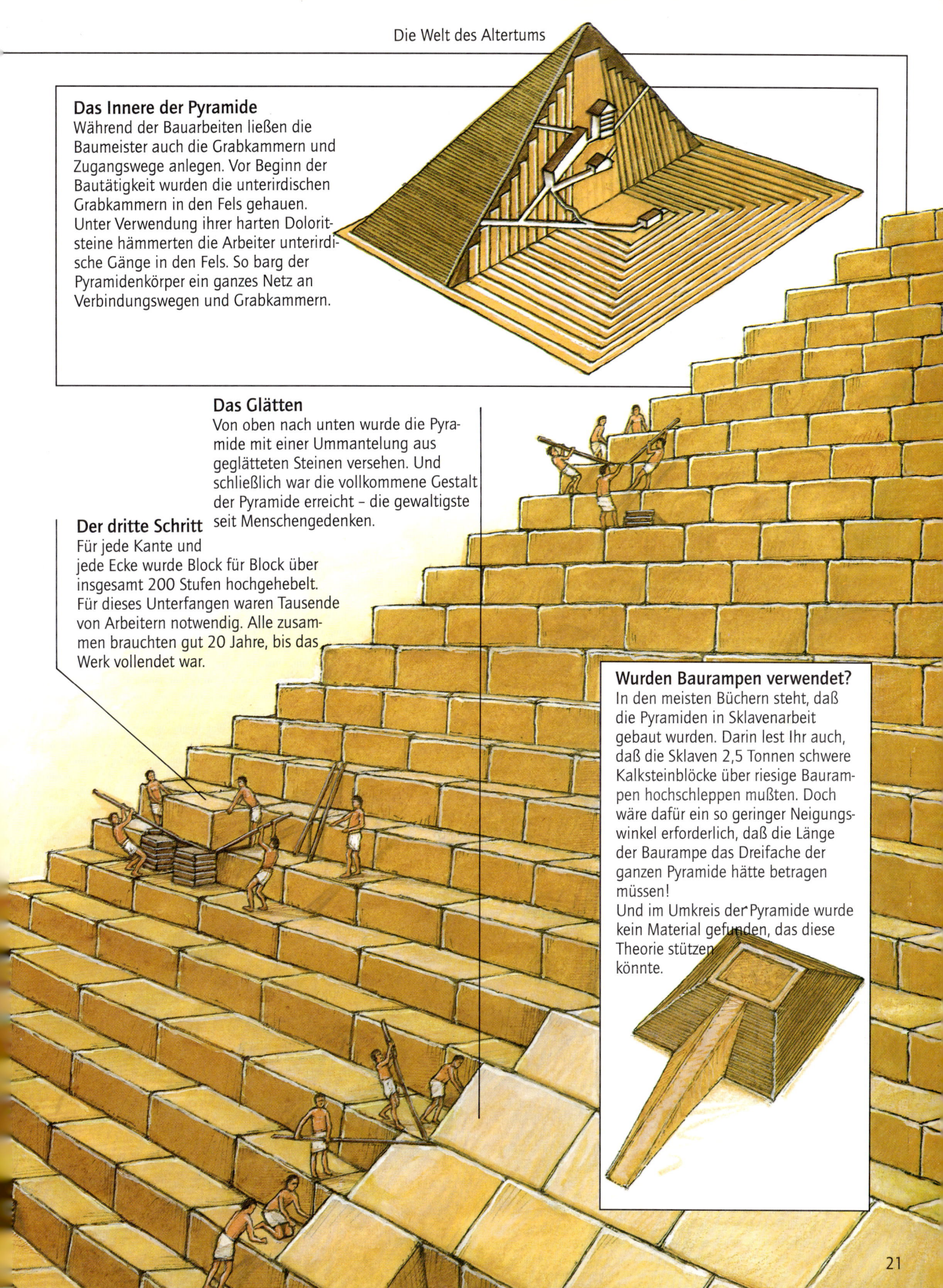

Das Innere der Pyramide

Während der Bauarbeiten ließen die Baumeister auch die Grabkammern und Zugangswege anlegen. Vor Beginn der Bautätigkeit wurden die unterirdischen Grabkammern in den Fels gehauen. Unter Verwendung ihrer harten Doloritsteine hämmerten die Arbeiter unterirdische Gänge in den Fels. So barg der Pyramidenkörper ein ganzes Netz an Verbindungswegen und Grabkammern.

Das Glätten

Von oben nach unten wurde die Pyramide mit einer Ummantelung aus geglätteten Steinen versehen. Und schließlich war die vollkommene Gestalt der Pyramide erreicht – die gewaltigste seit Menschengedenken.

Der dritte Schritt

Für jede Kante und jede Ecke wurde Block für Block über insgesamt 200 Stufen hochgehebelt. Für dieses Unterfangen waren Tausende von Arbeitern notwendig. Alle zusammen brauchten gut 20 Jahre, bis das Werk vollendet war.

Wurden Baurampen verwendet?

In den meisten Büchern steht, daß die Pyramiden in Sklavenarbeit gebaut wurden. Darin lest Ihr auch, daß die Sklaven 2,5 Tonnen schwere Kalksteinblöcke über riesige Baurampen hochschleppen mußten. Doch wäre dafür ein so geringer Neigungswinkel erforderlich, daß die Länge der Baurampe das Dreifache der ganzen Pyramide hätte betragen müssen!
Und im Umkreis der Pyramide wurde kein Material gefunden, das diese Theorie stützen könnte.

Die ägyptischen Tempel

Bei der Anlage von Kanälen und Bewässerungssystemen bewiesen die ägyptischen Ingenieure fast soviel Geschick wie die Mesopotamier. Doch ihre Bautechnik zeigte keine wesentlichen Fortschritte. Die Ägypter errichteten weiterhin ihre mächtigen Bauwerke. Dazu zählt auch dieser Tempel aus dem Jahre 1250 v. Chr. Er steht in Karnak und ist dem Gott Amun geweiht. Trotz seiner beeindruckend großen Gestalt ist der Tempel jedoch sehr einfach gebaut.

Das Portal

Der Haupteingang zum Tempel von Amun *(rechts)* gilt als typisches Beispiel für den ägyptischen Tempelbau. Die beiden hohen Türme oder Pylonen führten über Säulenhallen ins Tempelinnere zum Allerheiligsten mit der Gottesstatue.

Die Säulen

Die ägyptischen Säulenkapitelle waren der einheimischen Pflanzenwelt nachempfunden. Die palmenförmige oder papyrusähnliche Ausgestaltung sollte die Bevölkerung an eine mythische Sage erinnern, nach der Ägypten als Geburtsstätte der Welt dem Ur-Ozean entstiegen war.

Der Bau eines Tempels

Die Überwindung großer Spannweiten mit Hilfe von Kragarmen oder Bogenkonstruktionen haben die alten Ägypter nie gelernt. Der schlichte Mauersturz als Verbindung zwischen zwei aufragenden Pfosten war die Regel. Die Säulen baute man in einzelnen Abschnitten, setzte dann die Teile zusammen und verzierte sie mit Ornamenten *(siehe unten)*.

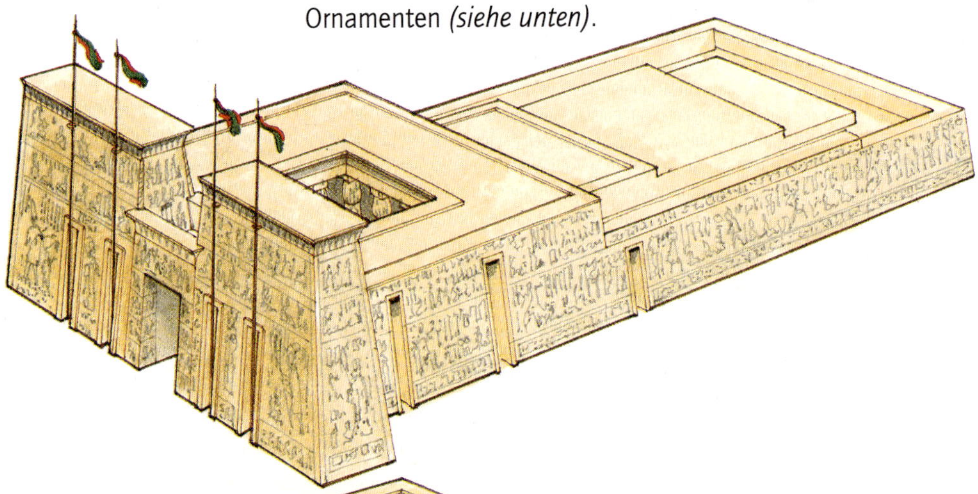

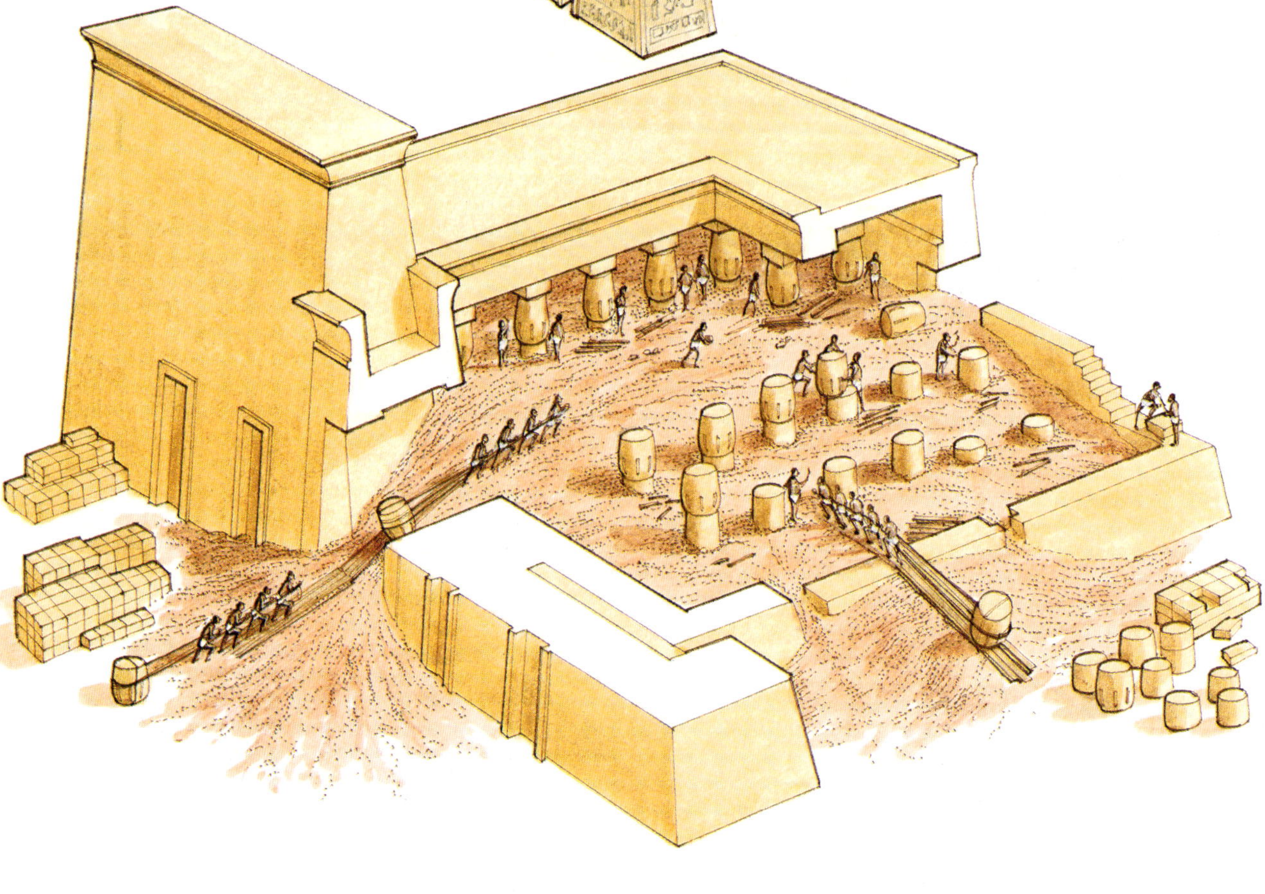

Abu Simbel

Von den sieben Monumentaltempeln, die unter König Ramses entstanden, ist Abu Simbel wohl der beeindruckendste. Hinter der Fassade beginnt die Flucht der Tempelhallen. Der gesamte Bau wurde so angelegt, daß die aufgehende Sonne zweimal im Jahr durch den Tempeleingang bis in den hintersten Teil des Tempels fiel. Durch die Nebenhalle, die Vorhalle, das Allerheiligste drang sie bis auf den Altar unterhalb der vier Götterbilder vor.

Steinbohren

Diese Abbildung eines ägyptischen Steinbohrers datiert aus der Zeit von etwa 2450 v. Chr. Es wurde in einem der Gräber von Sakkara entdeckt. Bis heute hat kein Ingenieur herausgefunden, wie der Bohrer funktioniert. Ob Euch das wohl gelingt?

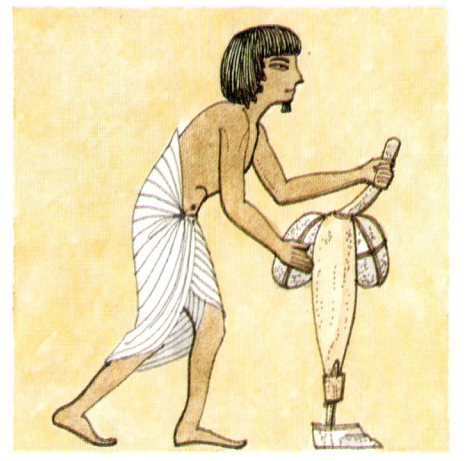

Steine brechen

Kupfer war das härteste Metall der Ägypter. Für den Steinmetz war es wohl hart genug. Aber große Brocken aus dem Fels hauen konnte man damit nicht. Um größere Blöcke zu schlagen, trieb man feuchte Holzkeile in die Risse des Gesteins. Das Holz quoll auf und spaltete dicke Brocken ab.

Abu Simbel

Die Höhe der Kolossalfiguren an der Außenwand des Ramses-Tempels in Abu Simbel beträgt 20 Meter. Alle vier Figuren stellen König Ramses dar. Hinter der Fassade führt eine Flucht von Hallen zum Tempel.

Der Umzug des Tempels

Im Jahre 1964 mußte der Tempel von Abu Simbel vor den Überflutungen, die der neue Staudamm von Assuan mit sich brachte, an eine andere Stelle verlegt werden. Das gesamte Bauwerk wurde abmontiert. Die Statuen wurden für den Transport in einzelne Stücke von jeweils 30 Tonnen zerlegt. Anschließend setzte man den Tempel an seinem neuen Standort wieder zusammen.

Mesopotamien

Die Sumerer lebten im Zweistromland von Euphrat und Tigris (im heutigen Irak). Sie waren die ersten Menschen mit einer höheren Kultur und siedelten sich in Städten an.
Ihre Häuser waren aus Lehm, den sie mit kleingeschnittenem Stroh vermischten. Das verlieh den Ziegeln eine höhere Festigkeit. Für die Dächer nahmen sie Palmenstämme, die sie aneinanderreihten.

Mit der Zeit entwickelten sie schließlich eine Hausform, wie man sie noch heute in diesem Teil der Erde sieht: ein flacher, quadratischer Bau, dessen Fenster und Türen auf den schattigen Innenhof zeigen. Von außen sah man nur die Haustür in der nackten Ziegelwand. Diese Bauweise war – und ist – am besten geeignet, die Menschen dort vor der erbarmungslosen Mittagssonne zu schützen.

Das Tonnengewölbe

Dieses über 1,5 Meter breite Tonnengewölbe aus einem Grab in Ur wurde um 2000 v. Chr. gebaut. Das Mauerwerk besteht aus keilförmigen, gekrümmten Ziegelsteinen, die einen hochstabilen Bogen bilden. Zum Abstützen des Gewölbes wurde am Schluß ein Anker mit eingemauert.

Der Backstein

Die Verwendung gebrannter Ziegel als Baumaterial stellte die Menschen vor ein unlösbares Problem (das gleiche galt für die noch primitiveren bisherigen ungebrannten Lehmziegel, die an der Sonne trockneten). Wenn es regnete, weichten sie nämlich auf.

Die Bauweise

Der stabile Innenkern der Zikkurat in Ur aus ungebrannten Lehmziegeln wurde mit einer 2,4 Meter dicken Lage Backsteinziegel abgedeckt. Um die Festigkeit zu erhöhen, wurden die Ziegel zusammen mit Strohgeflecht einzementiert.

Die Hängenden Gärten

Die eindrucksvollste und berühmteste aller Zikkurats war wohl der über 90 Meter hohe Turm von Babylon. Den ließ König Nebukadnezar um 600 v. Chr. in Babylon erbauen. Die Hängenden Gärten von Babylon gehören zu den Sieben Weltwundern der Antike und sind Euch gewiß bekannt. Über ihr Aussehen können wir heute nur noch Vermutungen anstellen. Im Jahre 1991 wurde unter der Regierung des irakischen Diktators Saddam Hussein eine Nachbildung von Babylon an den Originalplätzen errichtet. Die einzigartigen Ruinen der echten antiken Stadt hat man dabei leider unwiederbringlich zerstört.

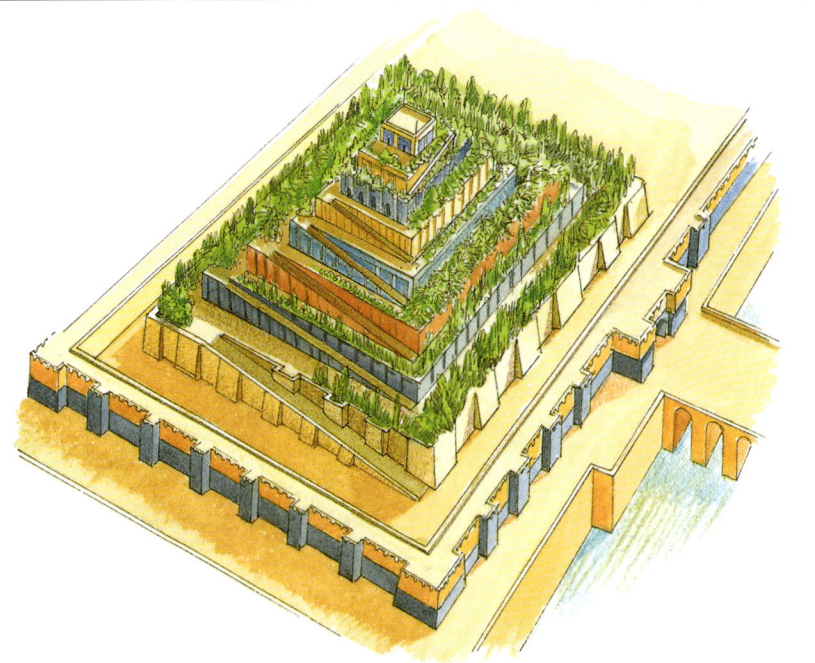

Der Transport

Wie wir wissen, hatten die Mesopotamier ihre Kutschen und Karren mit Rädern versehen. So konnten sie die gebrannten und ungebrannten Lehmziegel vermutlich an Ort und Stelle fahren.

Die Tempel

Die ersten mesopotamischen Tempel waren einfache rechteckige Bauten. Später wurden sie weiterentwickelt. Die Standardform entspricht der sogenannten Zikkurat. Darunter verstehen wir einen Tempel mit stufenförmig ansteigenden Ziegelplattformen, die uns irgendwie an Imhoteps Stufenpyramide in Sakkara erinnern. Aber selbst im Ofen gebrannt waren die Ziegel der Mesopotamier längst nicht so dauerhaft wie der Naturstein der Ägypter. Opfer der Zeit und der Gleichgültigkeit, sind die Zikkurats heute fast alle zerstört.

Das Grab des Agamemnon

Die Insel Kreta liegt im Mittelmeer, nördlich von Ägypten und westlich von Mesopotamien. Dort gab es eine Hochkultur, die in der Zeit von etwa 2500 v. Chr. bis 1400 v. Chr. zu höchster Blüte gelangte. Die Minoer (so benannt nach dem sagenhaften König Minos) hatten Verbindungen zu Ägypten. Erst vor knapp 100 Jahren entdeckte man in Knossos ihren großartigen Palast. Und stellte fest, daß diese Bauwerke denen der älteren ägyptischen Kultur in einigen Punkten ähnlich waren. Eine andere Kultur mit eigenständiger Baukunst gab es im weiter nördlich gelegenen Mykene. Hier auf diesen Seiten seht Ihr das Grab des Agamemnon, das vollkommen erhaltene Modell eines Kuppelgrabes. Wie man Bögen baute, das wußten die Baumeister damals nicht. Doch hatten sie eine eigene Technik erfunden, um die hier gezeigte Wölbung zu erreichen.

Das Wasser
Die ungemein kunstvollen Brunnenanlagen stellten den Höhepunkt des Schaffens der minoischen Ingenieure dar.

Schon vor über 3 500 Jahren hatten die Bewohner des Palastes von Knossos fließendes Wasser in ihren Baderäumen und Badewannen und sogar ein Spülklosett. Manche halten es für weit besser als alles, was bis zum 19. Jahrhundert entwickelt wurde.

Das Löwentor (1250 v. Chr.)
Beiderseits des Mauersturzes, der den oberen Torabschluß bildet, seht Ihr die vorkragenden großen Steinblöcke, die sich oberhalb der Skulptur fast wieder vereinen.

Und nun blickt auf die beiden Seiten. Seht Ihr, daß die Last der Steine nicht auf dem Querbalken, sondern auf den Vorkragungen im Mauerwerk ruht?

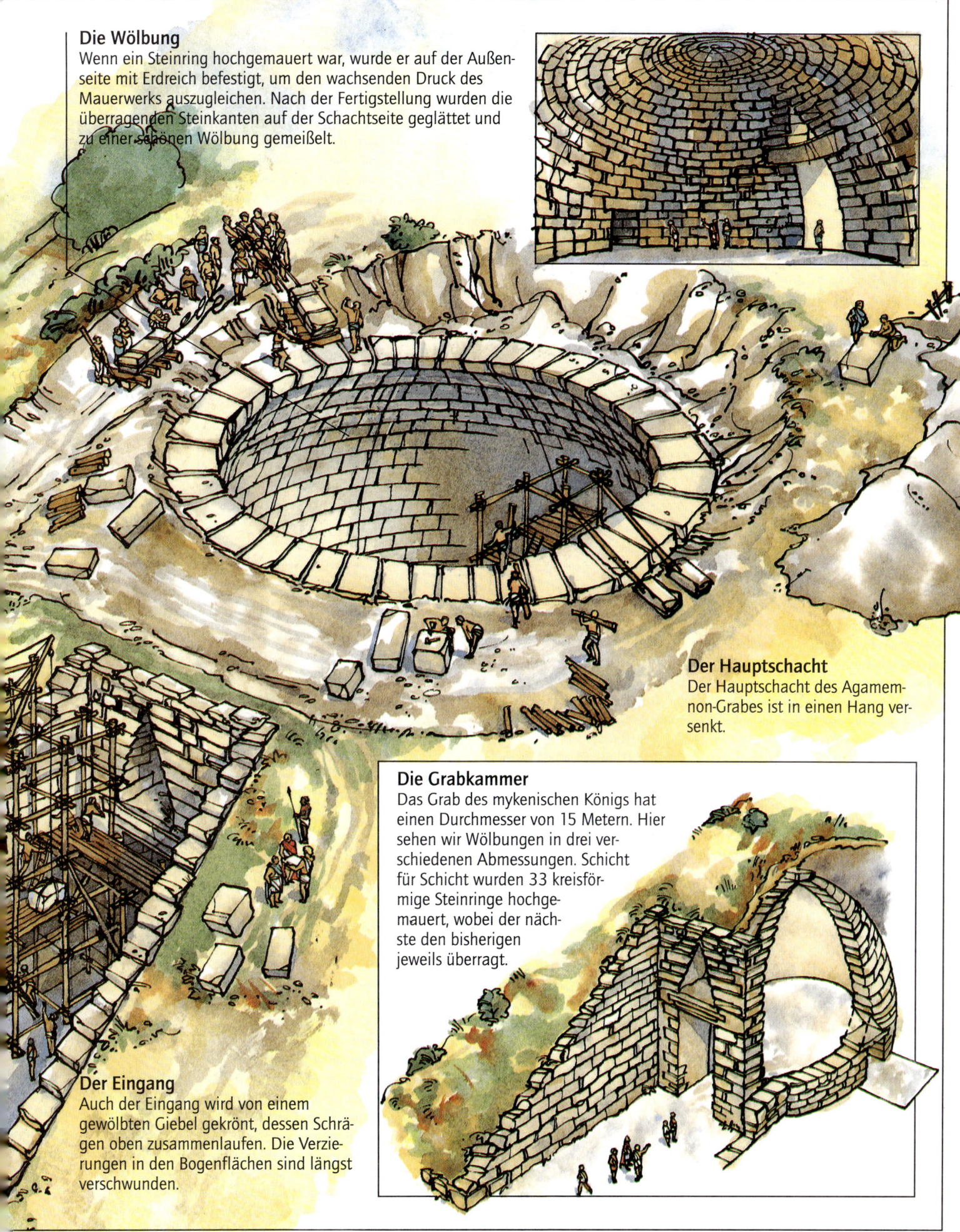

Die Wölbung

Wenn ein Steinring hochgemauert war, wurde er auf der Außenseite mit Erdreich befestigt, um den wachsenden Druck des Mauerwerks auszugleichen. Nach der Fertigstellung wurden die überragenden Steinkanten auf der Schachtseite geglättet und zu einer schönen Wölbung gemeißelt.

Der Hauptschacht

Der Hauptschacht des Agamemnon-Grabes ist in einen Hang versenkt.

Die Grabkammer

Das Grab des mykenischen Königs hat einen Durchmesser von 15 Metern. Hier sehen wir Wölbungen in drei verschiedenen Abmessungen. Schicht für Schicht wurden 33 kreisförmige Steinringe hochgemauert, wobei der nächste den bisherigen jeweils überragt.

Der Eingang

Auch der Eingang wird von einem gewölbten Giebel gekrönt, dessen Schrägen oben zusammenlaufen. Die Verzierungen in den Bogenflächen sind längst verschwunden.

Der Parthenon

Das Machtzentrum Griechenlands war Athen. Das wohl berühmteste Bauwerk dort ist der Parthenon. Dieser gewaltige Tempel aus Marmor thront auf der Akropolis, hoch über der Stadt. Die ersten griechischen Tempel hatten Mauern aus ungebrannten Lehmziegeln; die Basis war aus Stein, das Dach mit Stroh bedeckt. Später baute man größere Tempel. Da behalf man sich mit Holzpfosten, die zunächst nur im Inneren, dann ringsherum aufgestellt wurden, um das Gewicht der ausladenden Dächer abzufangen. In der klassischen Zeit errichteten die Griechen auch größere Steinbauten nach dieser Bauweise. Die Griechen erfanden auch die erste Architektursprache der Welt, um die verschiedenen Elemente einer Konstruktion benennen zu können – die Proportionen, die Formen und die untereinander bestehenden Maßverhältnisse.

Säulen bauen

Es war nicht möglich, die Säulen in einem Stück zu bauen. Deshalb wurden sie in 10 bis 12 Einzelabschnitten oder Trommeln gefertigt und am Ende zusammengebaut. Die griechischen Architekten setzten die Einzelstücke aber nicht einfach aufeinander. Jede Trommel wurde mit einer quadratischen Lochbohrung versehen; und in diese Bohrung paßte man einen Holzblock ein, der in der Mitte eine Öffnung von 5 Zentimetern Durchmesser hatte. Schließlich wurden die beiden Teile fest miteinander verzapft.

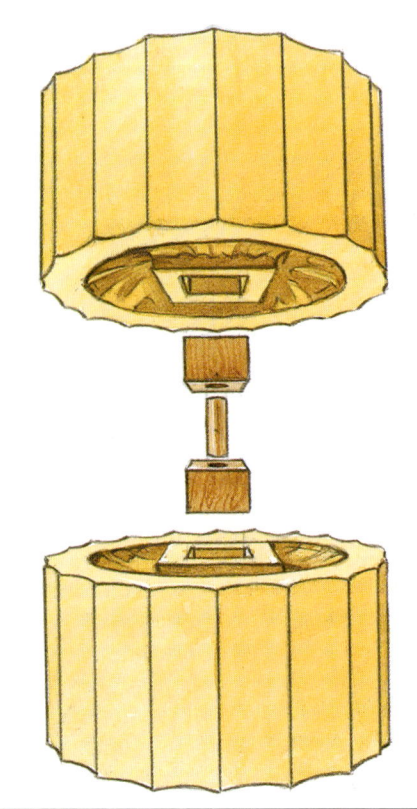

Die Konstruktion

Als Träger für das Tympanon, also das Entlastungsdreieck vom Parthenon, dienten den Griechen zwei Meter lange eiserne Balken. Sie waren die ersten, die Schmiedeeisen als Baumaterial einsetzten.

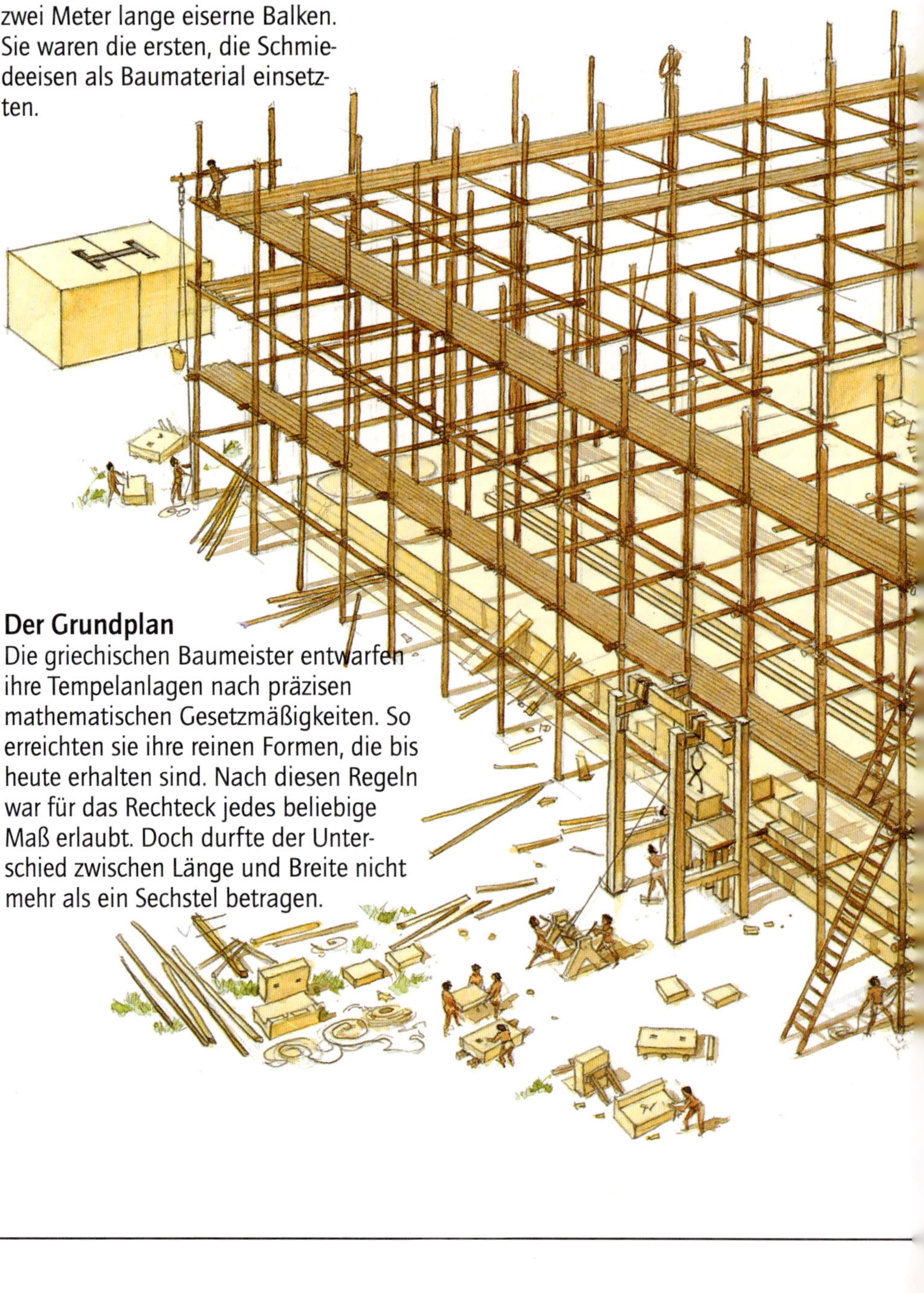

Der Grundplan

Die griechischen Baumeister entwarfen ihre Tempelanlagen nach präzisen mathematischen Gesetzmäßigkeiten. So erreichten sie ihre reinen Formen, die bis heute erhalten sind. Nach diesen Regeln war für das Rechteck jedes beliebige Maß erlaubt. Doch durfte der Unterschied zwischen Länge und Breite nicht mehr als ein Sechstel betragen.

Der Parthenon

Der Parthenon wirkt sehr regelmäßig und einheitlich. Doch kannten die Architekten einige Kunstgriffe, die den Bau eindrucksvoller erscheinen ließen, als er eigentlich war. So sind die Säulen leicht vorgewölbt und etwas nach innen geneigt. Und die Ecksäulen sind etwas dicker als die anderen.

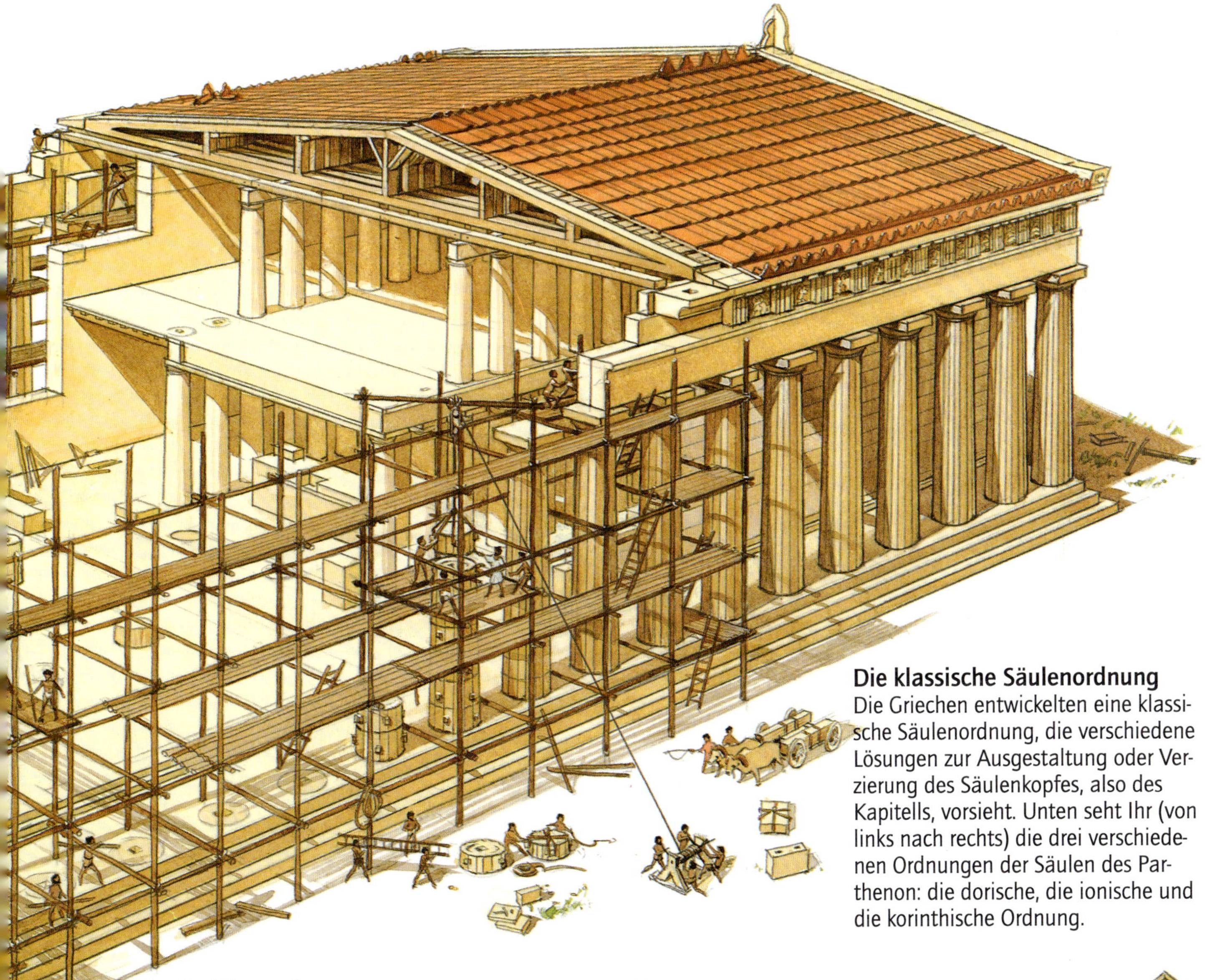

Die klassische Säulenordnung

Die Griechen entwickelten eine klassische Säulenordnung, die verschiedene Lösungen zur Ausgestaltung oder Verzierung des Säulenkopfes, also des Kapitells, vorsieht. Unten seht Ihr (von links nach rechts) die drei verschiedenen Ordnungen der Säulen des Parthenon: die dorische, die ionische und die korinthische Ordnung.

Die Metallbewehrung

Die Griechen bereicherten die Baukunst um einige Erneuerungen. Bereits die Propyläen, der monumentale Eingang zur Akropolis in Athen, waren mit Metallstäben verstärkt und können daher als Vorläufer unserer modernen Stahlbetonbauten betrachtet werden.

29

Das Theater von Epidaurus

Es wurde im vierten Jahrhundert v. Chr. durch den Baumeister Polykleitos d. J. erbaut. Nicht weniger als 14 000 Menschen haben darin Platz, und die Akustik (Tonqualität) ist so vollkommen, daß jedes noch so geringe Geräusch in der Orchestra bis weit in die hinterste Ecke zu hören ist.

Bei den Griechen wurden die Steinblöcke nicht durch Mörtel zusammengehalten. Um die Blöcke für das riesige Theater untereinander zu verbinden, goß man flüssiges Blei in die Gesteinsfugen und ließ es erstarren. So blieben große Teile des Amphitheaters bis zum heutigen Tage erhalten.

Die griechischen Ingenieure

Das wahre Können der Griechen zeigte sich in ihrer Geschicklichkeit, technische Hürden zu überwinden. Der Diolkos, eine Schleifbahn durch den Isthmus von Korinth, war sieben Kilometer lang. Über diesen gepflasterten Weg wurden Schiffe gezogen, die den 700 Kilometer langen Umweg um die Peloponnes-Halbinsel vermeiden wollten.

Der Grundplan

Das griechische Theater bestand gewöhnlich aus drei Teilen: die *Orchestra* entsprach der eigentlichen Bühne, der Holzbau oder die Skene beherbergte Kostüme, Zubehör und manchmal auch die Maschinerie, und das *Theatron* bildete den weitläufigen Zuschauerraum, der sich terrassenförmig an einem Hang hinaufzog.

Das Theatron

Die Bühne

Viele unserer modernen Bauten werden heute mit Stahl bewehrt, um sie widerstandsfähiger zu machen. Wie es scheint, war dieses Prinzip um 500 v. Chr. nicht mehr unbekannt. Damals gab es jedoch keinen Stahl. Bei den Propyläen verwendete man Schmiedeeisen, um die Marmorblöcke zu bewehren. Die griechischen Architekten zeichneten sich durch hohes handwerkliches Können aus und betreuten ihre Werke vom Entwurf bis zur Durchführung der Konstruktion.

Das Theater von Epidaurus

In der Mitte des Theaters liegt der mit Sand bestreute Platz, auf dem die Vorführungen stattfanden. Diesen Platz nennt man Arena. Mit den ansteigenden, rundum verlaufenden Zuschauertribünen bildet die Arena das Amphitheater.

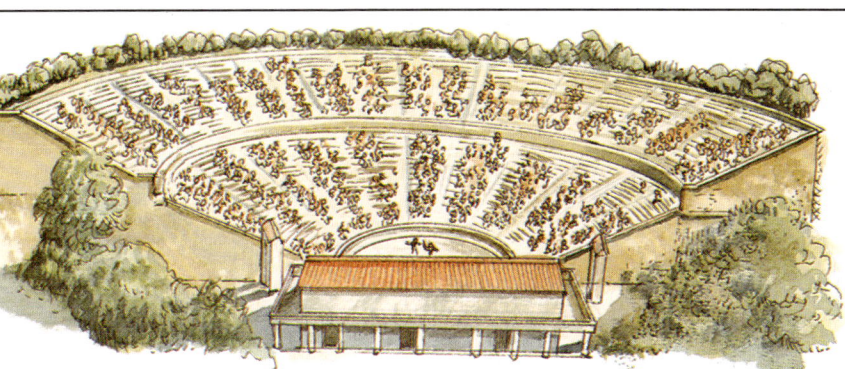

Das Werkzeug

Ein Bauprojekt, das mit unseren modernen Anlagen rivalisieren könnte, war der Bau eines 1000 Meter langen Tunnels, der das Gebirgswasser aus einem in den Fels gehauenen Brunnen in die Täler herunterbrachte. Eupalinos von Megara war der erste Bauingenieur Europas, dessen Name in den Urkunden auftaucht. Unter seiner Leitung wurde mit der Tunnelbohrung gleichzeitig auf beiden Seiten des Berges begonnen. An der Verbindungsstelle zeigt ein leichter Knick, daß Eupalinos sich bei seinen Berechnungen um fünf Meter irrte.

Die Konstruktion

Bei den Griechen wurden die Steinblöcke nicht durch Mörtel zusammengehalten. Um die Blöcke untereinander zu verbinden, goß man flüssiges Blei in die Gesteinsfugen und ließ es erstarren.

Das Siebte Weltwunder

Unter der Herrschaft Alexander des Großen waren die Wissenschaft, die Sprache, die Philosophie, die Stadtplanung, das Ingenieurwesen, die Architektur und die Baukunst im wesentlichen vom Einfluß Griechenlands geprägt. Nach der Eroberung Ägyptens beauftragte Alexander den Architekten Dinokrates, am Nildelta eine große Stadt zu bauen – Alexandria. Diese Stadtgründung hatte die Entwicklung bedeutender technischer Anlagen zur Folge. Über einen Kanal wurde Alexandria an den großen Nil gebunden, und ein neuer Hafen entstand durch die Verbindung mit einer Inselkette, die der Küste vorgelagert war. Pharos hieß die größte dieser Inseln, und dort entstand der gewaltigste Leuchtturm aller Zeiten.

Die griechischen Ingenieure

Die hellenistischen Ingenieure bereicherten die Bautechnik um einige Erneuerungen. Sie entwarfen Kräne, um schwere Blöcke mit dem Flaschenzug an Ort und Stelle zu hieven, und sie erfanden das Tretrad, das allein durch die Muskelkraft zweier Arbeiter in Drehung versetzt wurde. Zu den genialen Alexandriner Mechanikern gehörte ein Ingenieur namens Philon. Ihm wird die Erfindung des Schöpfrades zugeschrieben. Das Schöpfrad diente dem Wasserheben und brachte die Nutzung der natürlichen Energien einen gewaltigen Schritt voran.

Alexandria

Alexandria entwickelte sich zum Machtzentrum der hellenistischen Welt. Da die Stadt seither unaufhörlich unter Fremdherrschaft stand, ist von der ursprünglichen Anlage kaum etwas erhalten. Wir wissen jedoch, daß Alexandria nach dem Originalentwurf in vier Teile gegliedert war mit einem rechtwinkligen, zwei Hauptstraßen angeordneten Straßensystem. Alexander der Große gründete auch eine bemerkenswerte Bibliothek, die Jahrhunderte später durch einen Großbrand zerstört wurde. In der Nähe befand sich das sogenannte Museum (die erste Universität der Antike), die Arbeitsstätte bedeutender Gelehrter.

Der Leuchtturm von Pharos

Die meisten der hier vorgestellten Bauwerke sind zumindest noch in Resten erhalten. Über 1 500 Jahre lang hielt der Leuchtturm zu Pharos der Brandung stand. Im 13. Jahrhundert n. Chr. wurde er durch ein Erdbeben zerstört. Der Leuchtturm gehörte zu den Sieben Weltwundern des Altertums.

Stonehenge

Zu den bemerkenswertesten Monumenten aus vorgeschichtlicher Zeit gehören aufrecht stehende Steine. Sie sind über mehr als einhundert Fundstätten verteilt und reichen von einzelnen, schwierig auszumachenden Exemplaren bis hin zu eindrucksvollen kreisförmigen oder auch anders gestalteten Gebilden. Stonehenge, das berühmteste Steinmonument, befindet sich in Südengland. Noch

gewaltiger ist der große Steinring bei Avebury in Wiltshire, der das heutige Dorf vollständig umschließt. Von dort führen 100 Steinpaare zu dem von Menschenhand geschaffenen Hügel Silbury Hill. Wer diesen riesengroßen gewölbten Steinhaufen errichtete und welchem Zweck die aufrecht stehenden Steine dienten, das weiß man bis heute nicht.

Der Transport
Aus einem Umkreis von 30 Kilometern wurden die riesigen Steinblöcke auf einfachen Holzrollen herbeigeschleppt.

Es gibt noch mehr Steinringe
Bisher haben wir uns mit den alten Kulturen der Mittelmeerländer befaßt und einen Überblick über die Baukunst in Ägypten, Mesopotamien, Minos, Mykene, im klassischen Griechenland und im daran anschließenden griechisch-römischen Reich erhalten. Und ehe Ihr nun zum nächsten und wohl aufregendsten Bauwerk weiterblättert, solltet Ihr eine kurze Pause einlegen.

Die Britischen Inseln sind reich an architektonischen Überresten – Behausungen, Festungen, Tempeln und Grabanlagen – die von der Bevölkerung in prähistorischer Zeit zwischen den Orkney- und Shetlandinseln in Nordschottland und dem hügeligen Südengland zurückgelassen wurden.

Steinpfeiler oder *Sarsens*

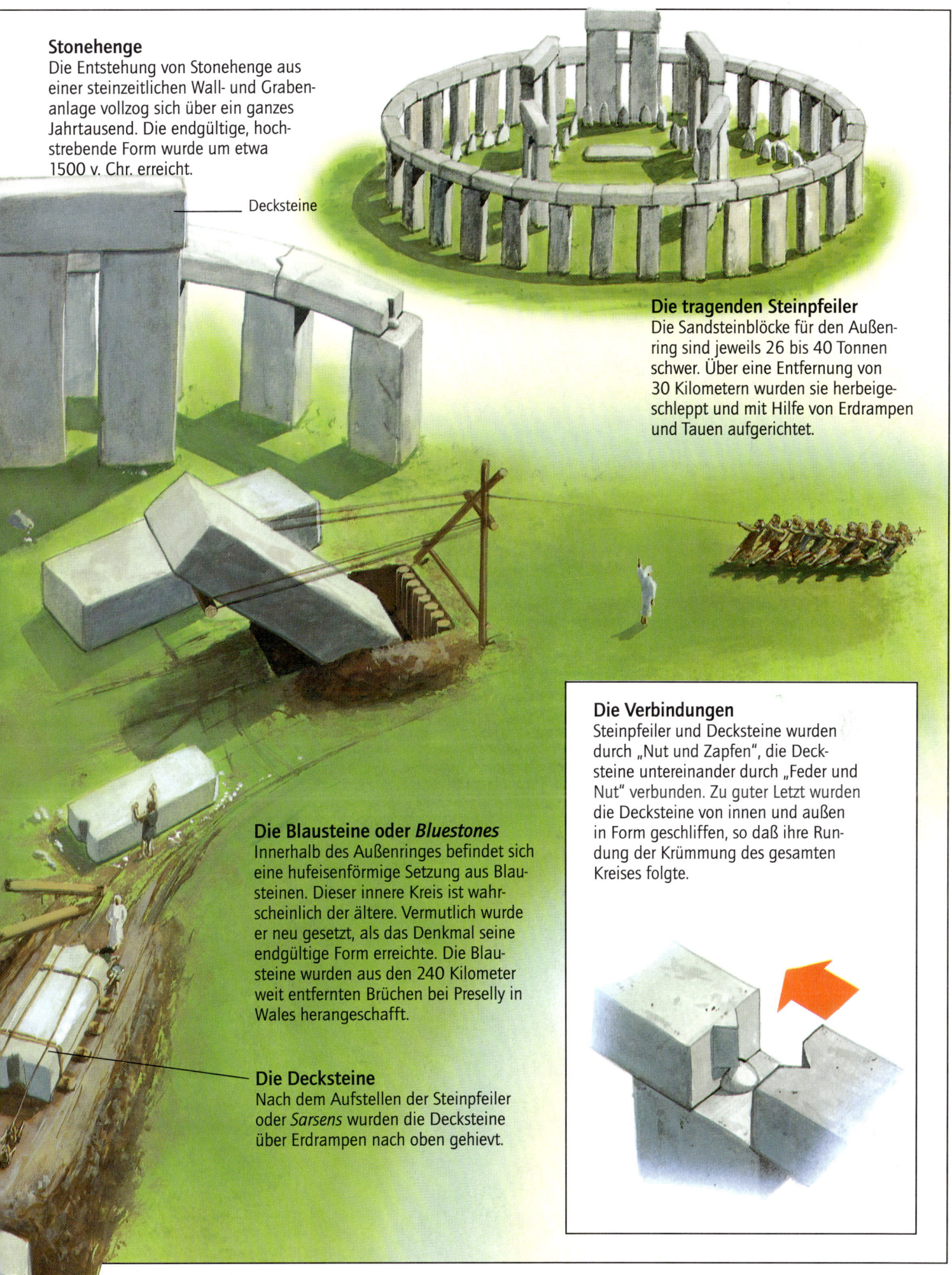

Stonehenge

Die Entstehung von Stonehenge aus einer steinzeitlichen Wall- und Graben-anlage vollzog sich über ein ganzes Jahrtausend. Die endgültige, hoch-strebende Form wurde um etwa 1500 v. Chr. erreicht.

Decksteine

Die tragenden Steinpfeiler

Die Sandsteinblöcke für den Außen-ring sind jeweils 26 bis 40 Tonnen schwer. Über eine Entfernung von 30 Kilometern wurden sie herbeige-schleppt und mit Hilfe von Erdrampen und Tauen aufgerichtet.

Die Blausteine oder *Bluestones*

Innerhalb des Außenringes befindet sich eine hufeisenförmige Setzung aus Blau-steinen. Dieser innere Kreis ist wahr-scheinlich der ältere. Vermutlich wurde er neu gesetzt, als das Denkmal seine endgültige Form erreichte. Die Blau-steine wurden aus den 240 Kilometer weit entfernten Brüchen bei Preselly in Wales herangeschafft.

Die Decksteine

Nach dem Aufstellen der Steinpfeiler oder *Sarsens* wurden die Decksteine über Erdrampen nach oben gehievt.

Die Verbindungen

Steinpfeiler und Decksteine wurden durch „Nut und Zapfen", die Deck-steine untereinander durch „Feder und Nut" verbunden. Zu guter Letzt wurden die Decksteine von innen und außen in Form geschliffen, so daß ihre Run-dung der Krümmung des gesamten Kreises folgte.

Die Chinesische Mauer

Unter der Herrschaft des Kaisers Qin Shi Huang-di wurde China im zweiten Jahrhundert v. Chr. zu einem gewaltigen Reich zusammengeführt. In dem unvorstellbar ehrgeizigen Versuch, dieses Reich zusammenzuhalten und die einfallenden Nomadenstämme fernzuhalten, ließ Qin Shi Huangdi die nördlichen Grenzen Chinas durch eine Mauer befestigen, die im Osten am Gelben Meer begann und im Westen in der Wüste Gobi endete. Zunächst wurden ältere Schutzwehren, die noch aus dem siebenten Jahrhundert stammten, miteinander verbunden.

Aber der größte Teil der Mauer mußte erst gebaut werden. Wenn man alle Krümmungen und Abzweigungen berücksichtigt, ist die Große Mauer, die auf chinesisch Chang Cheng = Lange Mauer heißt, insgesamt fast 6 000 Kilometer lang.

Die Ummauerung
Der größte Teil der Chinesischen Mauer enthält einen Kern aus Schutt oder gestampfter Erde, der mit Hilfe eines stabileren Baumaterials befestigt wurde. Dazu verwendete man das an Ort und Stelle jeweils verfügbare Material, nämlich Natur- oder Ziegelsteine, die mit Mörtel zusammengehalten wurden.

Das Pflaster
Die Oberfläche des Erdwalls wurde mit Platten, Steinen oder Ziegeln bedeckt und nach Norden hin durch eine zwei Meter hohe Wehrmauer abgeschirmt. Dagegen wurde im Süden, auf der chinesischen Seite, eine kleinere Wehrmauer gebaut.

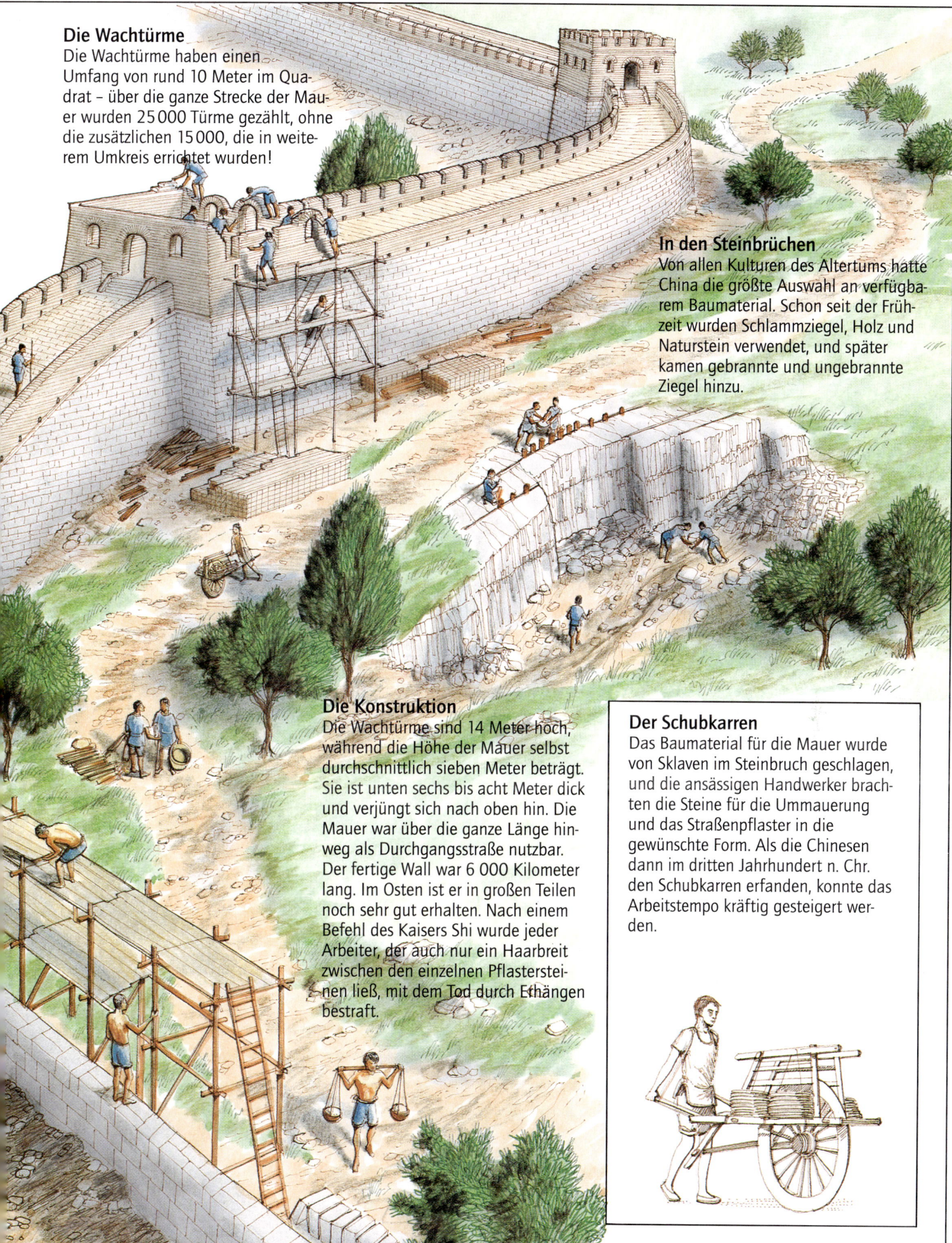

Die Wachtürme

Die Wachtürme haben einen Umfang von rund 10 Meter im Quadrat – über die ganze Strecke der Mauer wurden 25 000 Türme gezählt, ohne die zusätzlichen 15 000, die in weiterem Umkreis errichtet wurden!

In den Steinbrüchen

Von allen Kulturen des Altertums hatte China die größte Auswahl an verfügbarem Baumaterial. Schon seit der Frühzeit wurden Schlammziegel, Holz und Naturstein verwendet, und später kamen gebrannte und ungebrannte Ziegel hinzu.

Die Konstruktion

Die Wachtürme sind 14 Meter hoch, während die Höhe der Mauer selbst durchschnittlich sieben Meter beträgt. Sie ist unten sechs bis acht Meter dick und verjüngt sich nach oben hin. Die Mauer war über die ganze Länge hinweg als Durchgangsstraße nutzbar. Der fertige Wall war 6 000 Kilometer lang. Im Osten ist er in großen Teilen noch sehr gut erhalten. Nach einem Befehl des Kaisers Shi wurde jeder Arbeiter, der auch nur ein Haarbreit zwischen den einzelnen Pflastersteinen ließ, mit dem Tod durch Erhängen bestraft.

Der Schubkarren

Das Baumaterial für die Mauer wurde von Sklaven im Steinbruch geschlagen, und die ansässigen Handwerker brachten die Steine für die Ummauerung und das Straßenpflaster in die gewünschte Form. Als die Chinesen dann im dritten Jahrhundert n. Chr. den Schubkarren erfanden, konnte das Arbeitstempo kräftig gesteigert werden.

Die römischen Straßen

Die Römer bauten ihre Straßen aus militärisch-strategischen Gründen, weil sie eine gute Landverbindung zwischen den Städten benötigten. Über diese Straßen zog das römische Heer, um Aufständische zu bezwingen und feindliche Übergriffe von außen abzuwehren. Das erforderte gerade und dauerhafte Straßen, die dem Hämmern Tausender Soldatenstiefel standhalten konnten.

Die erste und wohl berühmteste Militärstraße war die Via Appia. Sie führte von Rom über mehr als 160 Kilometer in südwestliche Richtung. Wie viele andere römische Straßen, hat die Via Appia bis heute überlebt.
Im 20. Jahrhundert, mehr als 2 000 Jahre nach dem Bau, zeigt sich die Via Appia mit einer neuen Asphaltierung, über die nun der moderne Verkehr hinwegrollt.

Die Aquädukte

Die Aquädukte – das bedeutet soviel wie Wasserleitungen – brachten das Wasser in die römischen Siedlungen und Städte. Die Überleitung erfolgte auf erhöhten Bogenreihen, den Arkaden. Allein für die Versorgung Roms wurden Aquädukte über eine Gesamtlänge von etwa 400 Kilometern gebaut.

Bogenkonstruktionen

Um einen Bogen zu bauen, errichteten die Römer zunächst ein *Lehrgerüst*, dessen Abmessungen dem gewünschten Halbmesser entsprachen. Jeder einzelne Stein wurde genau eingepaßt, so daß kein Mörtel erforderlich war.

Die römischen Kräne

Die Idee für diesen Krantyp hatten die Römer von den Griechen übernommen. In einer Tretmühle, die mit einer Seiltrommel verbunden war, trat ein Arbeiter – oder auch mehrere Arbeiter – auf der Stelle, um die Trommel in Drehung zu versetzen. Die Römer entwickelten auch das Wasserrad, um Korn zu mahlen und Wasser zu pumpen.

Die römischen Straßen

Die römischen Straßen wurden auf Dauer gebaut. Man begann damit, einen Graben auszuheben, der mindestens einen Meter tief und höchstens sechs Meter breit war. Dieses Straßenbett wurde mit einer Schicht Sand und einer weiteren Schicht flacher, eckiger Steine mit Mörtel oder Zement gefüllt. Darüber kam noch eine Lage Kies. Dann wurde alles plattgewalzt und mit großen Basaltblöcken abgedeckt, die man einbetonierte und an der Oberfläche, dem eigentlichen Straßenpflaster, schön glatt meißelte.

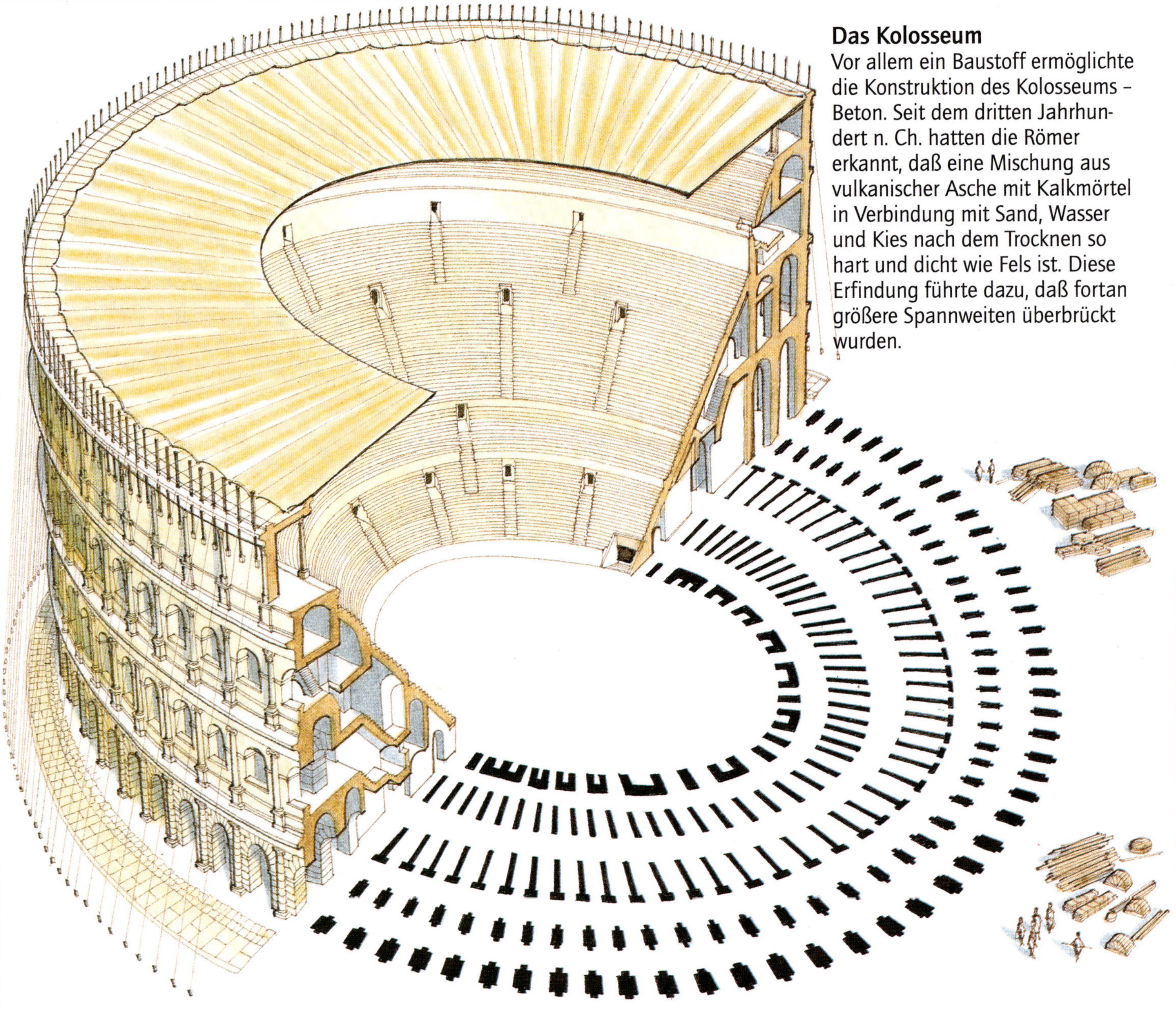

Das Kolosseum

Vor allem ein Baustoff ermöglichte die Konstruktion des Kolosseums – Beton. Seit dem dritten Jahrhundert n. Chr. hatten die Römer erkannt, daß eine Mischung aus vulkanischer Asche mit Kalkmörtel in Verbindung mit Sand, Wasser und Kies nach dem Trocknen so hart und dicht wie Fels ist. Diese Erfindung führte dazu, daß fortan größere Spannweiten überbrückt wurden.

Und so wurde es gebaut

Der Bau des Kolosseums begann im Jahre 70 n. Chr. unter Kaiser Vespasian. Für die 12 Meter tiefen Fundamente verwendete man Massenbeton. Die Gewölbe dagegen wurden meist aus Beton mit einer Ziegelummantelung gebaut.

Der Bau des Kolosseums nahm über 10 Jahre in Anspruch. Unter der Arena erstreckte sich ein weitläufiges Labyrinth aus Bogengängen, Vorratskammern, sanitären Einrichtungen für die Kämpfer und Raubtiergruben.

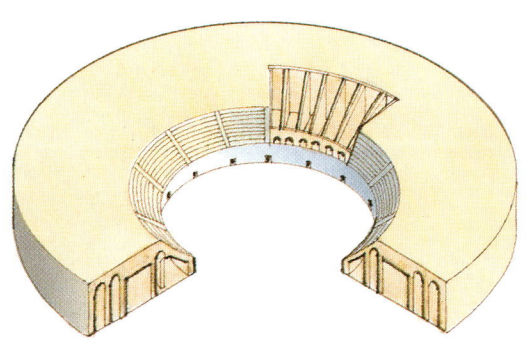

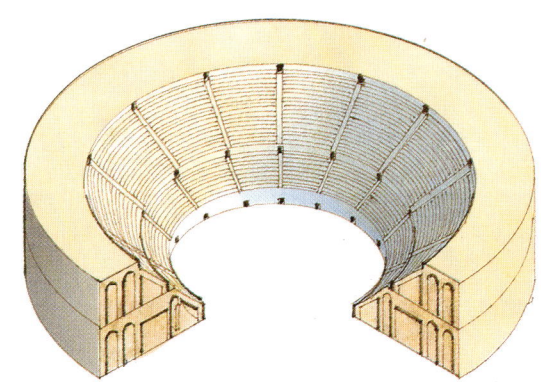

Das Kolosseum

Wenn es um die Errichtung gewaltiger öffentlicher Einrichtungen und Bauwerke ging, konnten die Römer Höchstleistungen vollbringen. So war jeder neue Kaiser peinlich darauf bedacht, seinen Vorgänger durch den Bau immer grandioserer Monumente zu überflügeln.

Auf diese Weise entstanden Foren (öffentliche Versammlungsplätze), Basiliken (überdachte Bauten für öffentliche Versammlungen), Tempelanlagen (häufig nach dem Vorbild Griechenlands mit dorischen, ionischen und korinthischen Säulen), Circi (Großarenen für die Veranstaltung von Wagenrennen – der Circus Maximus war 600 Meter lang und bot einer Viertelmillion von Zuschauern Platz), Theater, öffentliche Bäder oder Thermen und Triumphbögen. Viele großartige Bauten dieser Zeit sind heute noch vorhanden.

Hier befassen wir uns mit einem Höhepunkt dieser Architektur. Das Kolosseum, im ersten Jahrhundert n. Chr. erbaut, steht noch heute im Zentrum von Rom.

Die Gewölbe

Im Kolosseum mit seinen 50 000 Sitzplätzen fanden die Gladiatorenkämpfe und sonstige spektakuläre Volksbelustigungen statt. Die ringförmige Außenmauer war in drei Geschosse gegliedert und führte über ein weitläufiges System tonnengewölbter Gänge zu den Zuschauerrängen. Unter einem Gewölbe verstehen wir einen einfachen, seitwärts verlängerten Bogen. Die Römer verwendeten gerne das sogenannte Tonnengewölbe mit dem halbkreisförmigem Querschnitt. Später entdeckten sie, daß zwei Gewölbe sich rechtwinklig schneiden und dennoch aufrecht stehen bleiben können. Das Ergebnis war ein Kreuzgratgewölbe. Es wurde nur noch durch die seitlichen Säulenstützen getragen und ermöglichte daher die Überspannung großer quadratischer Räume.

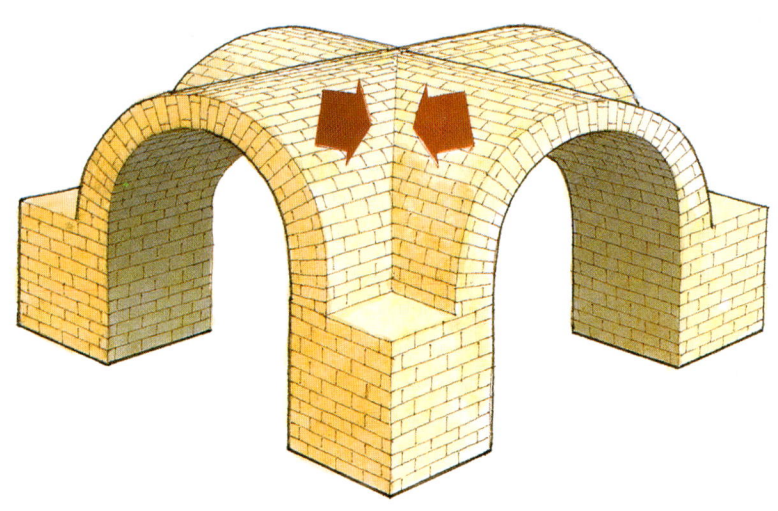

Die ersten drei übereinanderliegenden Bogengänge an der äußeren Mauer sind mit dorischen, ionischen und korinthischen Säulen versehen. Die unteren Ränge im Zuschauerraum waren für die hochgestellten Persönlichkeiten vorgesehen, die oberen für das gemeine Volk.

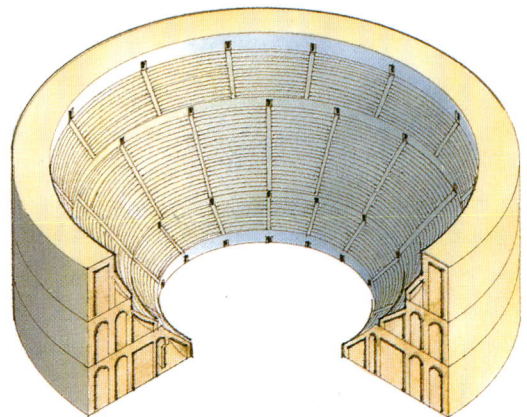

Das Kolosseum wurde im Jahre 80 n. Chr. von Kaiser Titus durch die hunderttägigen Spiele eingeweiht. Zwei Jahre später ließ Domitian das korinthische Obergeschoß anbauen.

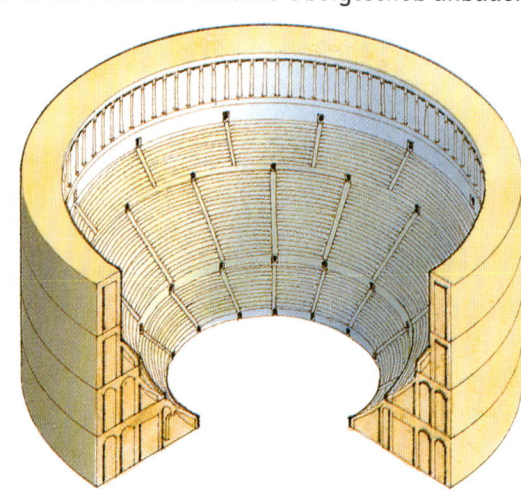

Das Pantheon

Um 120 v. Chr. entstand unter Kaiser Hadrian das Pantheon in Rom. Dieser Tempel war allen Göttern geweiht. Er besteht aus zwei Teilen: Die mächtige Vorhalle, der sogenannte Portikus, ruht auf drei Reihen korinthischer Säulen, die 14 Meter hoch sind. Dahinter beginnt der Rundbau mit seiner gewaltigen Kuppel aus Beton, die einen Durchmesser von 43,3 Metern aufweist. Über einen Zeitraum von 1300 Jahren galt das Pantheon als größter Kuppelbau der Römer, der Antike und sogar der ganzen Welt. Die Bedeutung dieses Bauwerks liegt jedoch nicht allein in seiner Größe.

Den Baumeistern lag vor allem an der Überwölbung eines gewaltigen Raumes. So ist das Innere des Tempels weit wichtiger als das Äußere. Vergleicht es doch einmal mit dem Parthenon der alten Griechen!

Das Mauerwerk

Die Entlastung der gewaltigen Konstruktion wurde durch verschiedene Mittel erreicht (dazu gehörte auch das Auge). Zum Ausgleich der starken Druck- und Spannungsverhältnisse mauerte man zwei Ringe Ziegelgewölbe in die kreisförmige Basis ein.

Die Mauer

An der Basis ist die Mauer mehr als 6 Meter dick. Stellenweise sind die Wände auf der Innenseite von Hohlräumen durchbrochen. Die eingearbeiteten Ziegelgewölbe entlasten das Mauerwerk und geben den Druck von oben an den Boden ab.

Welche Aufgabe hatte das Pantheon?

Die Aufgabe? Diese Frage stellt sich bei vielen antiken Bauwerken, und sie kann nicht mit Sicherheit beantwortet werden. Das Pantheon war als Weihestätte für die sieben Götter der Welt gedacht. Ursprünglich soll es aber neben den Gottheiten auch die Statuen der Herrscher Augustus, Agrippa und Julius Cäsar beherbergt haben.

Der Baustoff Beton

Das Pantheon ist das großartigste Beispiel für die Verwendungsmöglichkeiten von Beton in der römischen Baukunst. Die Kuppel besteht aus ringförmigen Betonreihen, wobei die jeweils letzte von der folgenden überlappt wird. Die Öffnung oben auf der Kuppel, das Auge, ist mit Ziegelsteinen eingefaßt (und breit genug, um einen dicken Omnibus hindurchzulassen). Und nur so können wir uns den Werdegang dieses Bauwerks mit den damaligen Baumaterialien und Techniken vorstellen.

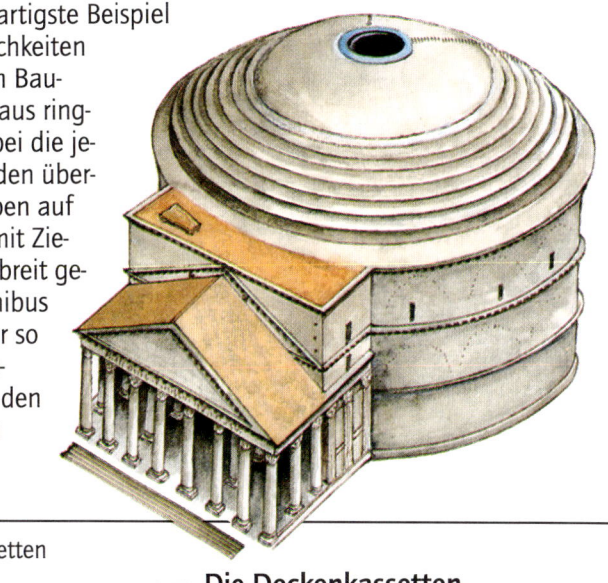

Das Auge

Die Deckenkassetten

Die Deckenkassetten

Zur Lichtöffnung hin verjüngt sich die Kuppelwand – sechs Meter Dicke an der Basis und nur ein Meter im oberen Kuppelabschnitt! Das Gewicht wird durch fünf Ringe mit kastenförmigen Vertiefungen auf der Kuppelinnenseite aufgefangen. Diese Vertiefungen werden Kassetten genannt.

Die frühen Basiliken

Noch vor dem Pantheon erbaute Kaiser Trajan, ein Onkel Hadrians, die größte römische Basilika. Heute sind nur noch ein paar Säulen davon erhalten.

In der Urform dieser Basilika erkennen wir deutlich den Grundriß der christlichen Gotteshäuser: ein breites, langes Mittelschiff, flankiert von zwei schlankeren Seitenschiffen. Doch war es im Grunde die römische Basilika, die der christlichen Baukunst als Vorbild diente und nicht umgekehrt. Das ist auch einer der Gründe, weshalb die Basilika zur wichtigsten Vertreterin der römischen Baukunst wurde: die Verwandtschaft mit einem Bauwerk, das noch heute in vielen Städten der christlich geprägten Welt zum Alltag gehört.

Das Sparrendach

Ein Sparrendach – es kann die unterschiedlichsten Formen haben – ist die beste Alternative zum Gewölbe, wenn ein größerer Innenraum überspannt werden soll. Höchstwahrscheinlich hatte die Basilica Ulpia ein hölzernes Sparrendach, während der Portikus vom Pantheon ursprünglich von einem Bronzegebälk getragen wurde.

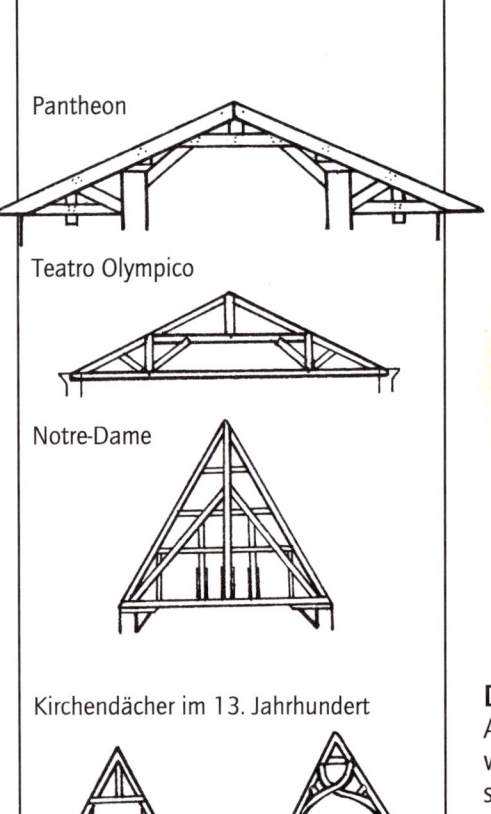

Pantheon

Teatro Olympico

Notre-Dame

Kirchendächer im 13. Jahrhundert

Basilica Ulpia

Höchstwahrscheinlich reichten die Seitenschiffe der Basilica Ulpia über zwei Stockwerke. Unter dem Dachgestühl auf jeder Seite lief eine Galerie, die durch Trägerbalken gestützt wurde. Den oberen Abschluß des 25 Meter breiten Mittelschiffs bildete das Sparrendach – eine bautechnische Erneuerung, die der Basilika ihre Bedeutung verlieh.

Mittelsch

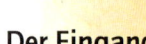

Der Eingang

Aber nicht alle römischen Basiliken wurden mit offenem Dachgestühl versehen. Die unter Kaiser Maxentius errichtete Basilica Nova hatte ein tonnengewölbtes Dach, wie man es auch für die römischen Badehäuser, die Thermen, verwendete.

Sparrendach

Seitenschiff

Das Innere der Petersbasilika

Vielleicht habt Ihr im Fernsehen schon einmal gesehen, wie der Papst vom Balkon der Peterskirche in Rom zu den versammelten Gläubigen hinab predigte. Der jetzige Bau ist die größte Kirche der Christenheit und entstand erst in der Zeit des 16. und 17. Jahrhunderts auf dem Fundament der weit älteren Petersbasilika. Die Abbildung unten zeigt Euch, wie sie vermutlich aussah: ein rund 25 Meter breites Mittelschiff mit dünnen Wänden, die von schlanken korinthischen Säulen getragen waren. Dahinter befand sich die dickere Außenwand, die das Sparrendach abstützte.

Die Petersbasilika

Die alte Petersbasilika aus dem 4. Jahrhundert wurde abgerissen, um für die neue Peterskirche Platz zu schaffen. Die dünnen Innenwände waren nicht sehr stabil.

Das Dach und die Sparren

Ein Dach aus Holzfachwerk war licht und hell; die langen Fachwerkträger nahmen die seitlichen Schubkräfte des Mauerwerks auf.

Das Zeitalter der Entdeckungen

Viele Bauwerke waren als Denkmäler gedacht. Sie wurden zu Ehren eines Gottes oder zum Ruhme eines Herrschers oder anderer hochgestellter Persönlichkeiten erbaut. Ägypter, Griechen und Römer hatten gewaltige Tempelanlagen, Stadien und Häuser errichtet, doch ihre technischen Möglichkeiten waren begrenzt. Ohne technischen Fortschritt konnten ihre Bauwerke nicht wachsen. Die neuen Architekten suchten nach den Möglichkeiten, weite Zwischenräume ohne äußerlich erkennbare Stützvorrichtungen zu überwölben. Sie entwarfen Kirchen mit elegantem Strebewerk, das die Mauern von außen zusammenhielt. So erhielt man dünne und leichte Wände, hohe und breite Fenster, weite gewölbte Räume. Es entstanden immer größere Bauwerke in aller Welt. Im folgenden Kapitel findet Ihr einige Beispiele dafür: von der gotischen Kathedrale bis hin zu einer religiösen Kultstätte in Kambodscha. Auch über eine riesengroße, ganz aus Lehm gebaute Moscheeanlage und ihre angebauten Wohnhäuser werdet Ihr etwas erfahren.

Hagia Sophia

Diese prachtvolle Kirche wurde von den Baumeistern Anthemios von Tralles und Isidor von Milet unter Kaiser Justinian im Zeitraum von 532 bis 537 in Konstantinopel (vormals Byzanz, heute Istanbul) erbaut. Gewisse Ähnlichkeiten mit der römischen Basilika und dem Kuppelbau in Betonbauweise sind zwar vorhanden; dennoch zeigt dieses Bauwerk eine völlig neue und einzigartige Architektur. Und bis in die heutige Zeit gehört die Hagia Sophia zu den eindrucksvollsten Bauwerken der Welt.

Die Konstruktion

Die Kirche besteht aus vier Hauptpfeilern; darüber befinden sich die Pendentifkuppeln und die Hauptkuppel. Die Haupthalle ist von Arkaden und Galerien auf weißen und grünen Marmorsäulen gesäumt.

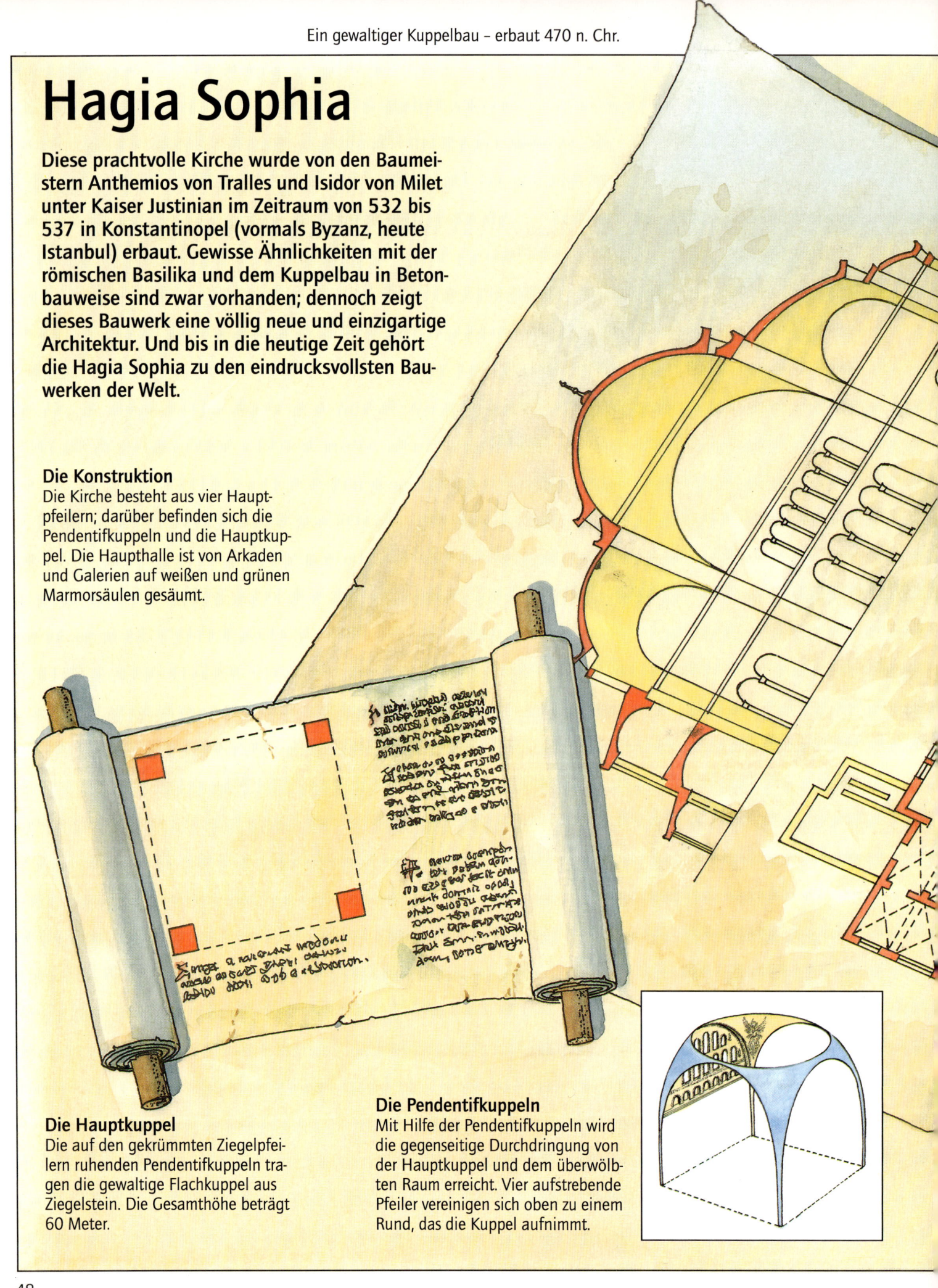

Die Hauptkuppel

Die auf den gekrümmten Ziegelpfeilern ruhenden Pendentifkuppeln tragen die gewaltige Flachkuppel aus Ziegelstein. Die Gesamthöhe beträgt 60 Meter.

Die Pendentifkuppeln

Mit Hilfe der Pendentifkuppeln wird die gegenseitige Durchdringung von der Hauptkuppel und dem überwölbten Raum erreicht. Vier aufstrebende Pfeiler vereinigen sich oben zu einem Rund, das die Kuppel aufnimmt.

Hagia Sophia

Die Hagia Sophia (der Name bedeutet „Heilige Weisheit") war ursprünglich eine christliche Kirche und 900 Jahre lang die bedeutendste Kultstätte von Byzanz. Im Jahre 1453 fiel Konstantinopel an die Türken, und für die nächsten fünf Jahrhunderte diente die Hagia Sophia als Moschee. Im Jahre 1935 wurde sie in ein Museum umgewandelt.

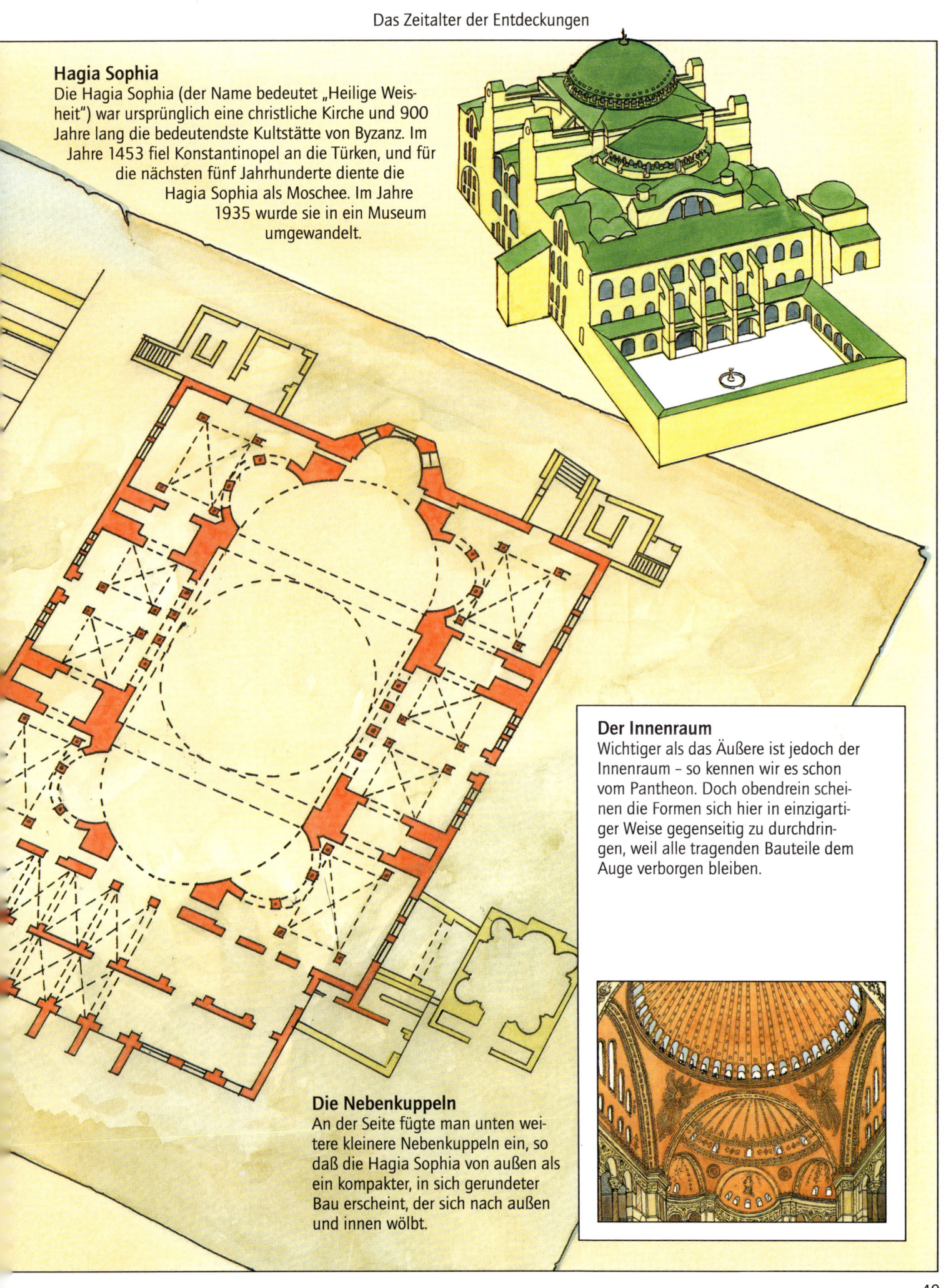

Der Innenraum

Wichtiger als das Äußere ist jedoch der Innenraum – so kennen wir es schon vom Pantheon. Doch obendrein scheinen die Formen sich hier in einzigartiger Weise gegenseitig zu durchdringen, weil alle tragenden Bauteile dem Auge verborgen bleiben.

Die Nebenkuppeln

An der Seite fügte man unten weitere kleinere Nebenkuppeln ein, so daß die Hagia Sophia von außen als ein kompakter, in sich gerundeter Bau erscheint, der sich nach außen und innen wölbt.

Die Kathedrale von Durham

Am 11. August 1093 legte Bischof William of St. Carilef den Grundstein zur neuen Kathedrale der nordenglischen Stadt Durham. Sie war eine der ersten großen europäischen Kathedralen im gotischen Stil, wird aber wegen ihrer römisch anmutenden halbkreisförmigen Bögen noch der Romanik zugeordnet. Die Arbeit ging ungewöhnlich rasch vonstatten; binnen 40 Jahren war der größte Teil der Kirche fertiggestellt. Nacheinander baute man die Chormauern, die Wände der Querschiffe und des Mittelschiffs und überwölbte den Chor – das dauerte bis 1100 n. Chr. In den nächsten zehn Jahren wurden die Querschiffe überwölbt und zuletzt das Hauptschiff.

Das Dach

Die romanischen Kirchen hatten sich in einem Zeitraum von 300 Jahren entwickelt. Die ersten Gewölbe in Steinbauweise reichten nur über kleine Spannweiten, weil die schlanken Säulen keine schweren Gewichte tragen konnten. Später wurden massivere Säulen gebaut, was auch die Überwölbung größerer Räume ermöglichte.

Römische Bögen

Und noch eine technische Neuerung ist in Durham zu sehen: Für die Wölbung über dem Mittelschiff wurde der Rundbogen durch den Spitzbogen ersetzt. Das Zeitalter der Gotik hatte begonnen.

Wechselnde Pläne

Im 11. Jahrhundert wurde der T-förmige Grundriß der älteren romanischen Kirchen allmählich durch die Kreuzform verdrängt.

Die Gewölbe

Zunächst verwendete man das den Römern nachempfundene Tonnengewölbe. Später ging man zum sogenannten Kreuzgratgewölbe über, und dann kam das Rippengewölbe, das den wahren Durchbruch darstellte.

Das Strebewerk

Die Querschiffe der Kathedrale in Durham zeigen die ältesten Beispiele dieser Art – nachdem das Strebewerk mit Hilfe eines Lehrgerüstes aufgerichtet war, wurde das Mauerwerk für das Gewölbe in die Zwischenräume gefüllt.

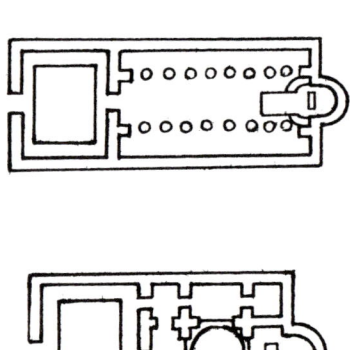

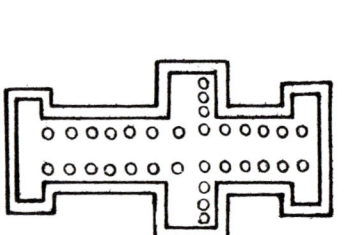

Die Kathedrale von Durham

Vor einigen Jahren veranstaltete die Sonntagsbeilage einer englischen Tageszeitung eine Umfrage nach den schönsten und den häßlichsten Bauwerken Englands. Die Kathedrale von Durham wurde zum schönsten Bauwerk der Nation gewählt.

Der Chor

Viele romanische Kirchen und Kathedralen waren mit einem Sparrendach versehen. Irgendwann fing es Feuer und mußte dann ersetzt werden. Die Kathedrale von Durham aber war von Anfang an in Steinbauweise überwölbt. Im 13. Jahrhundert wies das Chorgewölbe aus dem Jahre 1100 Risse auf und wurde ersetzt.

Die Querschiffe

Die Kirchen des Mittelalters waren in leuchtend bunten Farben verziert. Auch die Säulen wurden mit Ornamenten geschmückt. In Durham wurden die Muster nicht aufgemalt, sondern direkt in den Stein gemeißelt. Die Friese an den Pfeilern des Querschiffs verlaufen abwechselnd in Senkrechten und Spiralen.

Das Mittelschiff

Die Säulen des Mittelschiffs weisen zwei verschiedene Musterungen auf. Es gibt den Zickzackfries (in V-Form miteinander verbundene Zickzacklinien) und den Rautenfries (Diamantfries). Durch die Verwendung von Spitzbögen über dem Mittelschiff konnte der Dachfirst in waagerechter Linie gebaut werden.

Die Kirchtürme

Die Kathedrale hatte stets drei Türme; die beiden Türme an der Westseite sind 44 Meter hoch. In den Hauptturm schlug im Jahre 1429 der Blitz ein. Er fing Feuer und brannte ab. Es dauerte viele Jahre, bis der alte Turm in zwei Arbeitsabschnitten schließlich restauriert wurde.

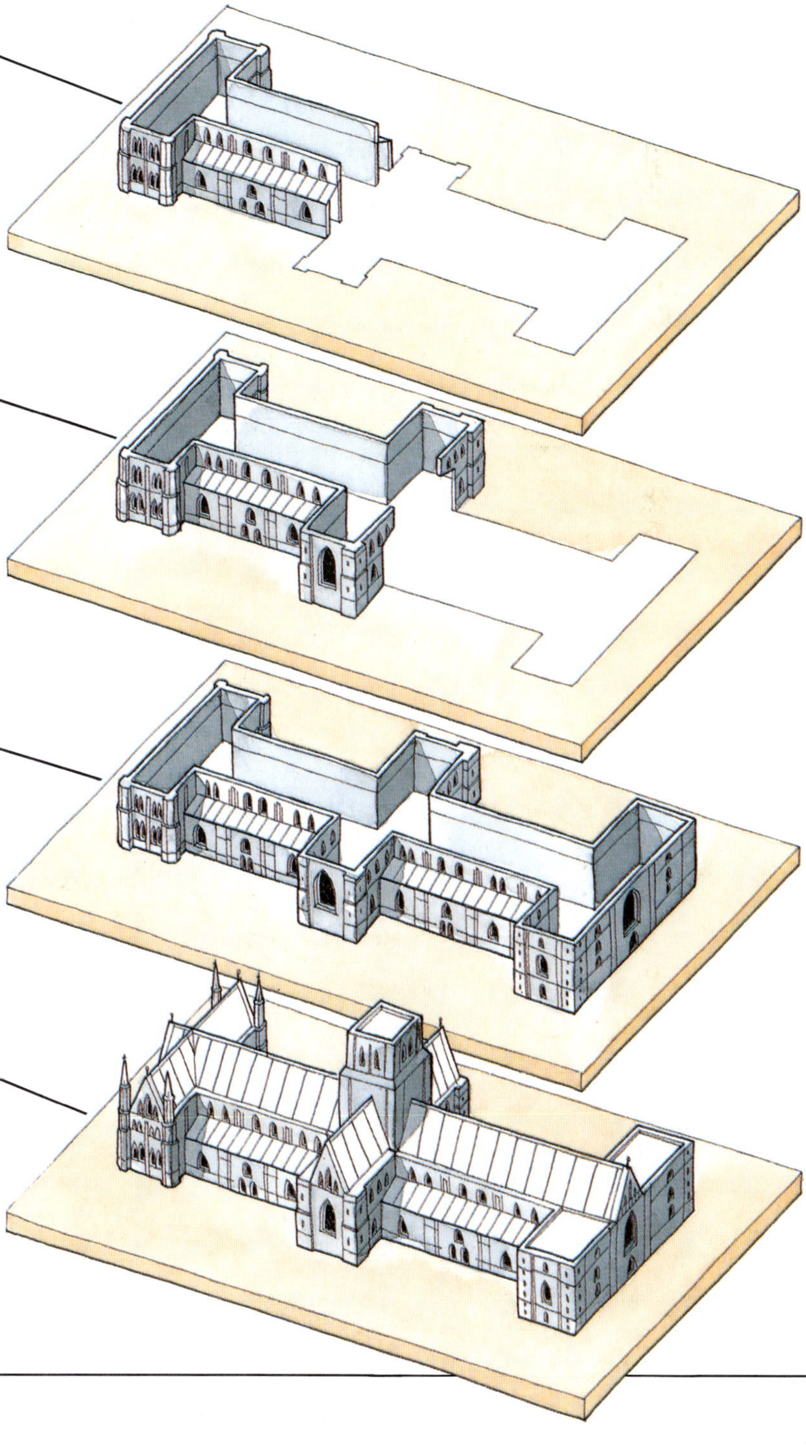

Die Kathedrale von Chartres

Im 12. und 13. Jahrhundert wetteiferten die nordfranzösischen Städte um den Bau der schönsten Kathedralen. Die Kathedrale von Chartres wurde 1195 n. Chr. begonnen und war innerhalb von 35 Jahren größtenteils beendet. Weitere Kathedralen entstanden um die gleiche Zeit in Laon, Paris (Notre-Dame), Bourges, Reims, Amiens und Beauvais. So hat eine französische

Kleinstadt bereits vor 800 Jahren eine Kathedrale für 18000 Menschen erbaut. All die moderne Maschinerie, die wir heute für unentbehrlich halten, war damals noch unbekannt. Wie dieses Unterfangen dennoch gelingen konnte, bleibt bis heute ein Rätsel. Sicher ist nur, daß man in Chartres mit dem Langhaus begann und anschließend schrittweise nach oben weiterbaute.

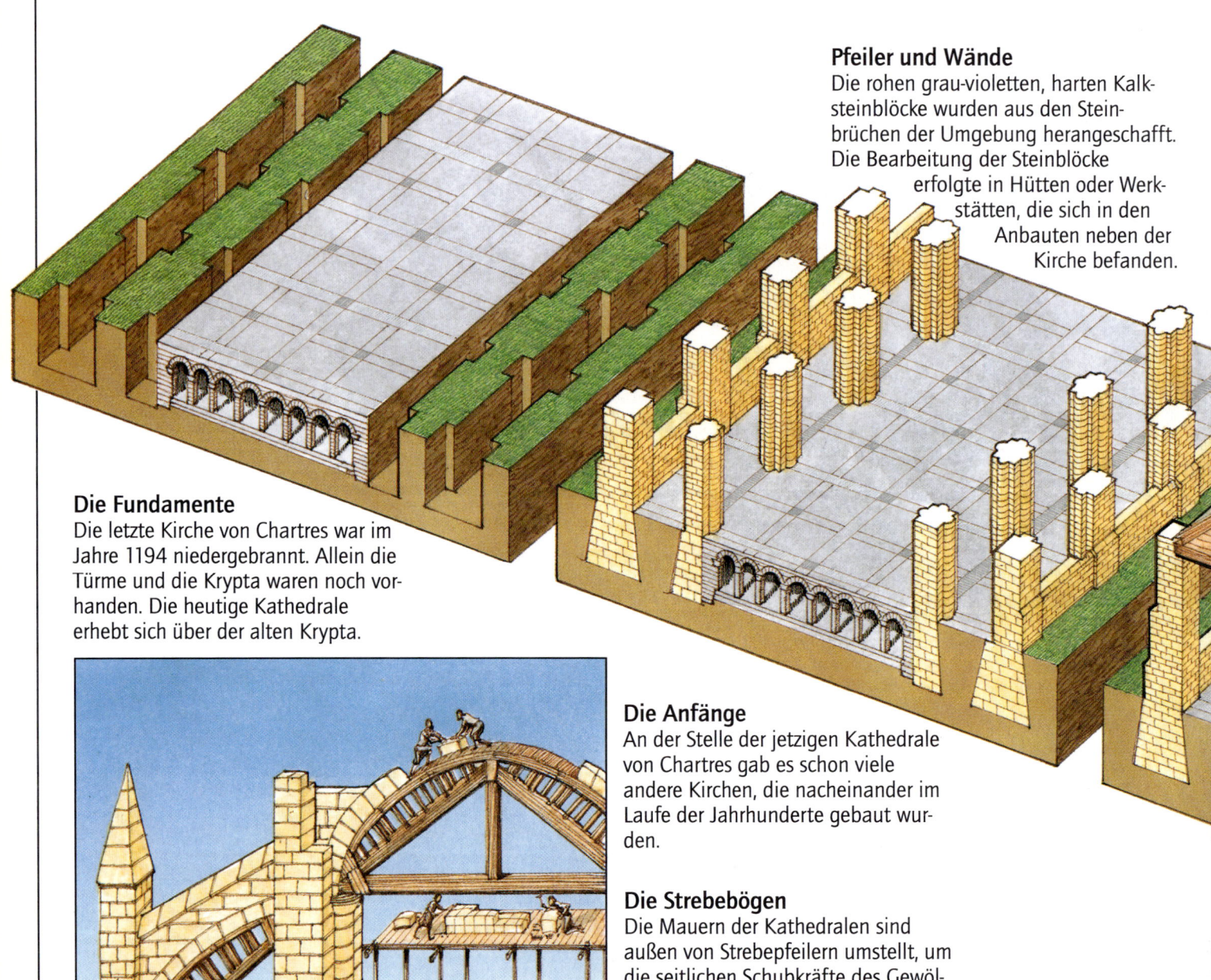

Pfeiler und Wände
Die rohen grau-violetten, harten Kalksteinblöcke wurden aus den Steinbrüchen der Umgebung herangeschafft. Die Bearbeitung der Steinblöcke erfolgte in Hütten oder Werkstätten, die sich in den Anbauten neben der Kirche befanden.

Die Fundamente
Die letzte Kirche von Chartres war im Jahre 1194 niedergebrannt. Allein die Türme und die Krypta waren noch vorhanden. Die heutige Kathedrale erhebt sich über der alten Krypta.

Die Anfänge
An der Stelle der jetzigen Kathedrale von Chartres gab es schon viele andere Kirchen, die nacheinander im Laufe der Jahrhunderte gebaut wurden.

Die Strebebögen
Die Mauern der Kathedralen sind außen von Strebepfeilern umstellt, um die seitlichen Schubkräfte des Gewölbes aufzufangen. Die Entlastung der Konstruktion erfolgt durch Strebebögen, die von der Wand zu den Pfeilern hinüberschwingen.

Die Turmhelme
Ein Merkmal von Chartres sind die unterschiedlichen Turmhelme. An der Südseite seht Ihr einen schlichten Turm, der sich nach oben hin verjüngt. An der Nordseite dagegen ragt die flammenartig gelängte Turmspitze auf – ein Anbau aus dem 16. Jahrhundert.

Was ist gotischer Stil?
Rundbögen wurden durch Spitzbögen ersetzt. So konnte die Last des schweren Gewölbes weitaus besser nach unten in die dicken Säulen abgeleitet werden. Die Mauern wurden leichter und häufig durch riesengroße, bunte Glasfenster aufgelockert.

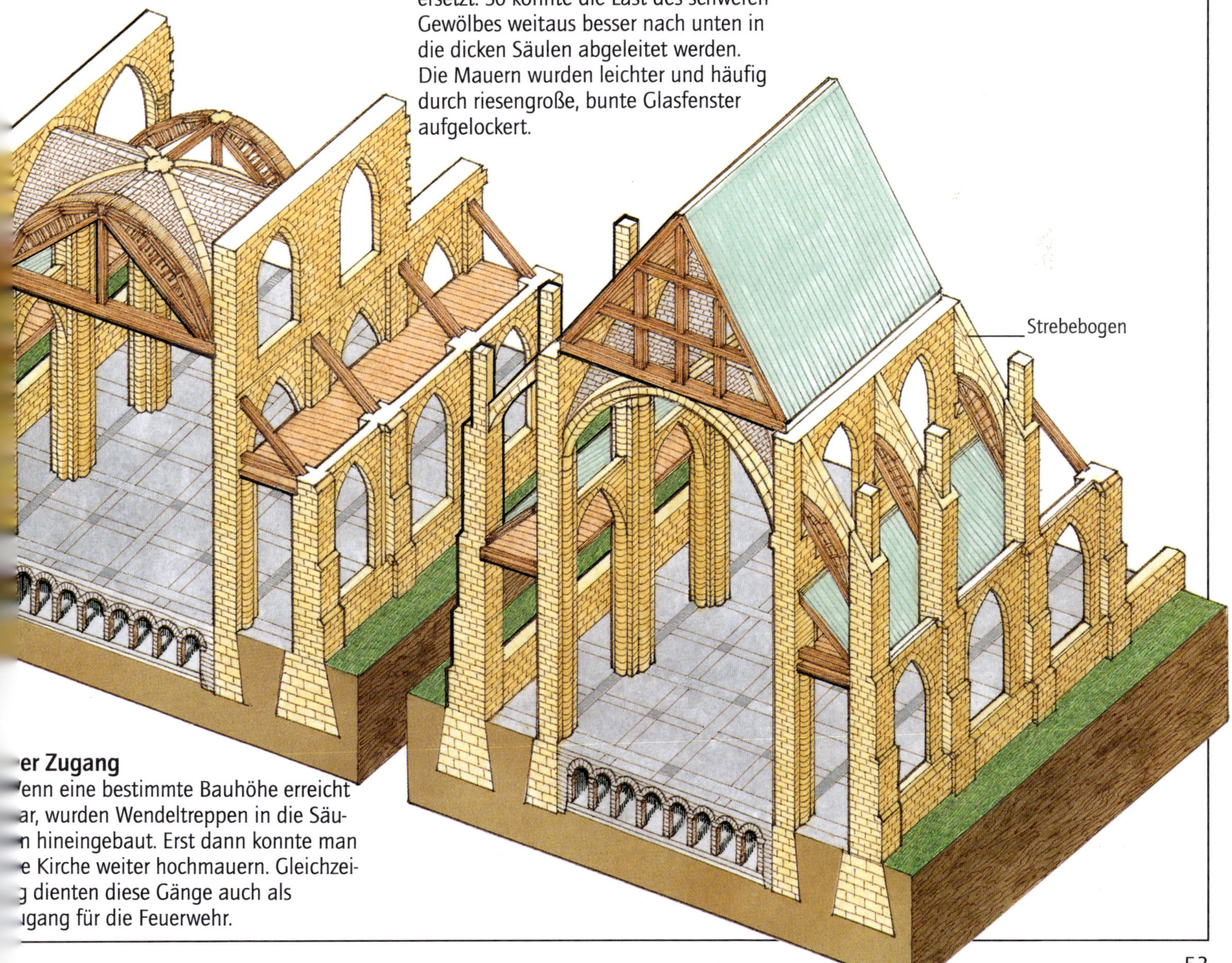

Strebebogen

...er Zugang
...enn eine bestimmte Bauhöhe erreicht ...ar, wurden Wendeltreppen in die Säu... ...n hineingebaut. Erst dann konnte man ...e Kirche weiter hochmauern. Gleichzei... ...g dienten diese Gänge auch als ...ugang für die Feuerwehr.

Die Kathedrale von Salisbury

In England und in Frankreich entstanden immer neue Kathedralen, wobei jedes Land seinen eigenen Stil entwickelte. Mit der massiven, wuchtigen Kraft der Kathedrale von Durham und der emporstrebenden, kunstvollen Architektur von Chartres hat die leichte Eleganz der 1220 begonnenen Kathedrale von Salisbury kaum etwas gemein.

Den krönenden Höhepunkt in Salisbury bildet der 123 Meter hohe Turm. Er wurde erst 50 Jahre nach Vollendung der Kathedrale begonnen und 1380 fertiggestellt. Allein die oberste Spitze des achteckigen Turms mißt 53 Meter. Die Steinplatten der Seitenwände sind nicht dicker als 250 Millimeter. Diese Bauweise zeugt von höchstem technischen Können.

Glasmalereien

Von den mittelalterlich bunten Glasfenstern sind in Salisbury nur wenige Reste erhalten. Die Glasmalereien in Chartres dagegen gelten als die schönsten der Welt. Die Glasmacher erreichten tief leuchtende, schöne Farben. Sie vermischten reinen weißen Sand mit Buchenholzasche und Metalloxiden mannigfaltiger Art und erhielten Purpurrot, Azurblau und andere Farbtöne.

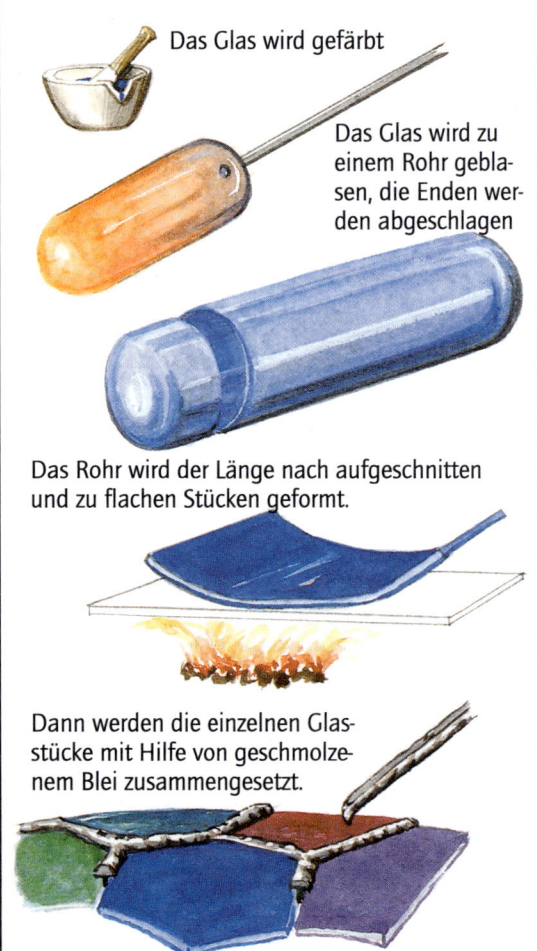

Das Glas wird gefärbt

Das Glas wird zu einem Rohr geblasen, die Enden werden abgeschlagen

Das Rohr wird der Länge nach aufgeschnitten und zu flachen Stücken geformt.

Dann werden die einzelnen Glasstücke mit Hilfe von geschmolzenem Blei zusammengesetzt.

Das große Rad

Wenn der Tragebalken für das Dach einer mittelalterlichen Kathedrale an seiner Stelle saß, baute man einen Kran. Dazu wurde ein großes Rad durch einen Arbeiter, der im Innern auf der Stelle trat, in Drehung versetzt. An dem Rad war ein Tau befestigt, so daß man schwere Gegenstände mit dem Seilzug auf das Dach hieven konnte.

Wer erbaute die Kathedralen?

Die Antwort auf diese Frage ist nicht einfach. Es waren Bischöfe und andere Geistliche, die daran beteiligt waren; und es waren auch die Handwerker, die das Werk beaufsichtigten. Salisbury war vermutlich das Werk eines Mannes namens Elias de Dereham. Aus dem Geistlichen wurde später ein gewisser Meister Elias, der auch in Canterbury und Winchester wirkte. Als jedoch der Kirchturm und die Kirchturmspitze entstanden, da lebte er längst nicht mehr.

Die Konstruktion

Das Besondere bestand darin, daß der Standort keine Trümmer früherer Kathedralen enthält. Wie in Durham ging auch hier der Bau sehr schnell vonstatten. Salisbury ist ein Beispiel für den Early English genannten leichten, eleganteren Baustil, während Durham die Merkmale der romanischen Baukunst aufweist.

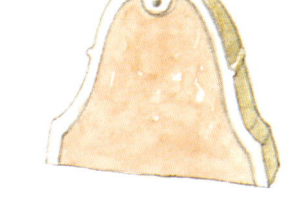

Die Glocken

Die Glocken der Kathedralen waren gewöhnlich aus Bronze – einer Mischung aus Kupfer und Zinn. Sie konnten mehrere Tonnen schwer sein und wurden mit einem freihängenden Klöppel zum Klingen gebracht.

Das Werkzeug

Die meisten Werkzeuge, auch die Säge, waren von den Römern überliefert. Nur die Bohrwinde war eine Erfindung des Mittelalters. Sie war für größere Lochbohrungen gedacht.

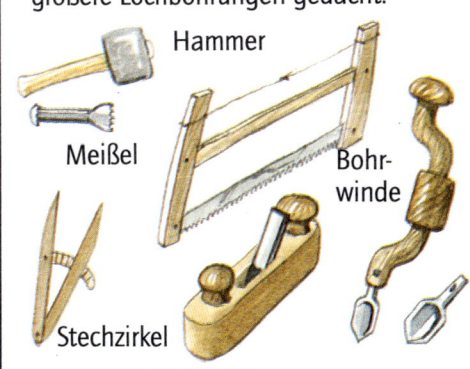

Hammer

Meißel

Bohrwinde

Stechzirkel

Der Dom von Florenz

Die Domkuppel von Florenz ist ein architektonischer Höhepunkt der Renaissance – so heißt die humanistische Geistesströmung, die nach dem Mittelalter einsetzte.

Begonnen wurde der Bau bereits in den frühen Jahren des 14. Jahrhunderts. Mit der Überwölbung ließ man sich Zeit, weil die Spannweite so groß war: 42 Meter, wie beim Pantheon! Schließlich löste der Architekt Filippo Brunelleschi die Aufgabe, indem er erstmals eine Doppelkuppel aus zwei übereinanderliegenden, leichten Schalen baute. Die innere Halbkugel schützte das Bauwerk vor den Unbilden des Wetters und stützte die äußere Schale, die sich in voller Schönheit dem Himmel entgegenwölbte.

Rivalen

Zunächst sollte Brunelleschi die Kuppel gemeinsam mit seinem großen Rivalen Ghiberti bauen. Brunelleschi dachte aber gar nicht daran, diese Aufgabe zu teilen. Er stellte sich krank und überließ Ghiberti seinem Schicksal. Ghiberti gab auf, und Brunelleschi konnte die Arbeit allein fortsetzen.

Wie wurde die Kuppel gebaut?

Die innere Kuppelschale hat weitaus dickere Wände als die Außenschale. Große, flache Backsteine wurden zu einem freitragenden ringförmigen Stützgeripppe hochgemauert. Das nahm viel Zeit in Anspruch, weil der Mörtel der letzten Schicht immer erst völlig trocken sein mußte, ehe man mit der nächsten Schicht weitermachen konnte. Die senkrechten Streben des Gerippes tragen das Gewicht der äußeren Schale. Um die seitlichen Schubkräfte abzufangen, wurde die Kuppel über drei Ebenen durch ringförmige Anker aus Eisen und Mauerwerk gestützt.

Im Innern der Kuppel

In den hohlen Raum zwischen den Halbkugeln ließ Brunelleschi Gänge und Treppen legen. Auf diese Weise konnten die Arbeiter an beiden Kuppeln von innen her arbeiten. Und seit die Kuppel fertig ist, kann sie von dort aus gewartet und gepflegt werden.

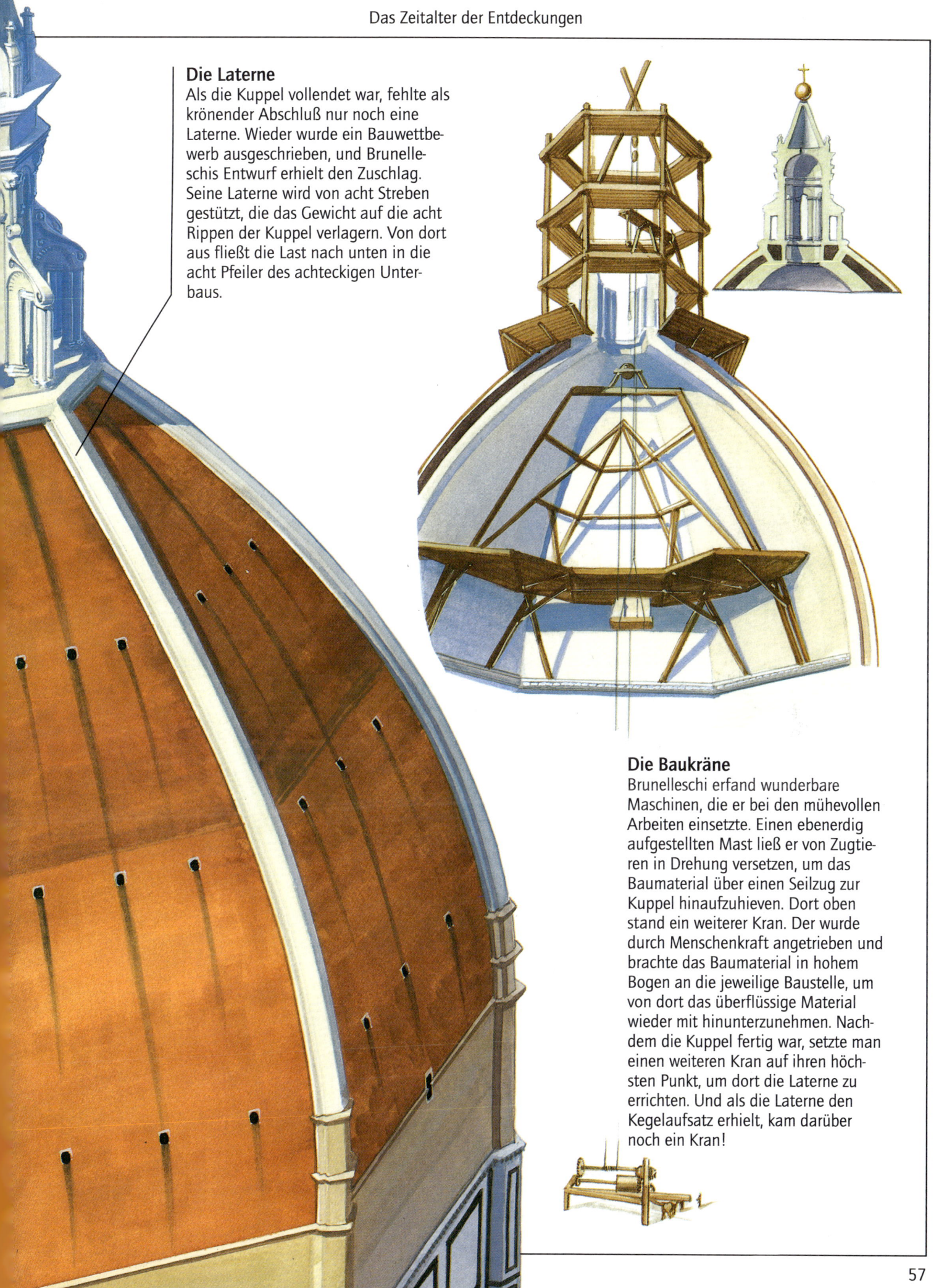

Die Laterne

Als die Kuppel vollendet war, fehlte als krönender Abschluß nur noch eine Laterne. Wieder wurde ein Bauwettbewerb ausgeschrieben, und Brunelleschis Entwurf erhielt den Zuschlag. Seine Laterne wird von acht Streben gestützt, die das Gewicht auf die acht Rippen der Kuppel verlagern. Von dort aus fließt die Last nach unten in die acht Pfeiler des achteckigen Unterbaus.

Die Baukräne

Brunelleschi erfand wunderbare Maschinen, die er bei den mühevollen Arbeiten einsetzte. Einen ebenerdig aufgestellten Mast ließ er von Zugtieren in Drehung versetzen, um das Baumaterial über einen Seilzug zur Kuppel hinaufzuhieven. Dort oben stand ein weiterer Kran. Der wurde durch Menschenkraft angetrieben und brachte das Baumaterial in hohem Bogen an die jeweilige Baustelle, um von dort das überflüssige Material wieder mit hinunterzunehmen. Nachdem die Kuppel fertig war, setzte man einen weiteren Kran auf ihren höchsten Punkt, um dort die Laterne zu errichten. Und als die Laterne den Kegelaufsatz erhielt, kam darüber noch ein Kran!

57

Der Tower von London

Der Londoner Tower ist ein typisches Beispiel für große mittelalterliche Burgen. Er entstand aus einer kleinen Hof- und Hügelburg, die mit den Jahren erweitert wurde.

Das heutige massive, dreigeschossige Bauwerk ist 28 Meter hoch. Die Basis der Außenwände ist 5 Meter dick.

Der Turm ist von einem Burghof umgeben. Der war ursprünglich an zwei Seiten von Erdwällen (der sogenannten Enceinte) und an den anderen von einer bereits vorhandenen römischen Mauer umschlossen. An der Südwestseite der Befestigungsanlage entstand ein weiterer Turm, der Bell Tower. Um 1250 waren der Hauptturm oder White Tower und der Burghof bereits von einer Ringmauer mit 13 Türmen umgeben. Außen führte ein Graben herum, der zu einem richtigen Burggraben vertieft und verbreitert wurde.

Urformen der Burg

Als der Normannenherrscher Wilhelm der Eroberer im Jahre 1066 in England einfiel, baute er zur Festigung seiner Herrschaft eine Reihe von Hof- und Hügelburgen. Die Turmhügelburg bestand aus einem gestutzten Hügel mit einer hölzernen Festung in der Mitte. Der Burghof war das Gelände für die Pferde und das Vieh. All das war von Holzpalisaden umgeben, und rings um den Hügel wurde noch ein Schutzgraben gezogen. Innerhalb weniger Jahre verdrängten dann Steinfestungen, sogenannte Wohnturmburgen, die Holztürme. Und schließlich ähnelten die Burgen mächtigen, befestigten Städten mit Wehranlagen, die von allen Seiten feindliche Angriffe abwehren konnten.

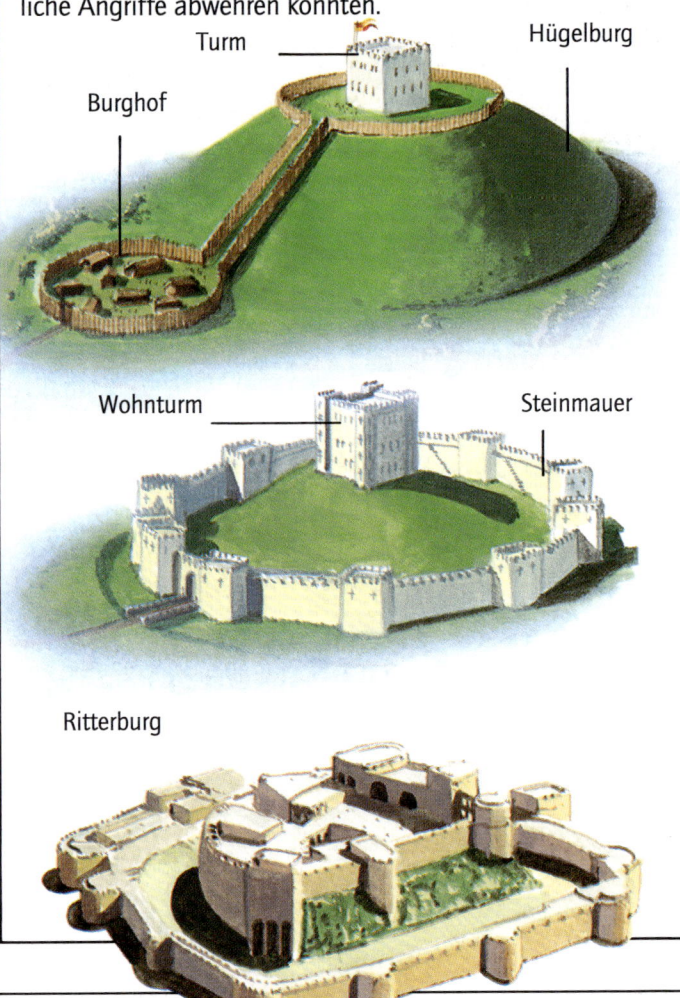

Turm

Hügelburg

Burghof

Wohnturm

Steinmauer

Ritterburg

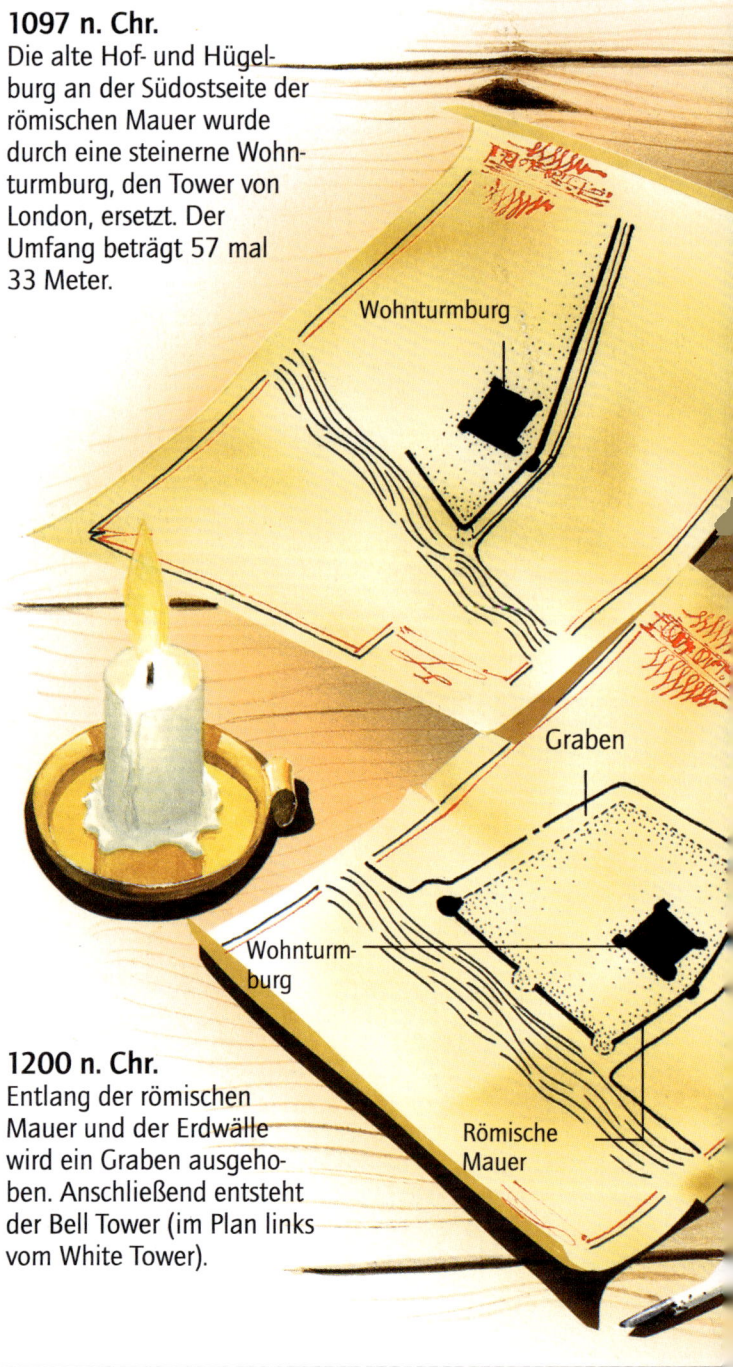

1097 n. Chr.

Die alte Hof- und Hügelburg an der Südostseite der römischen Mauer wurde durch eine steinerne Wohnturmburg, den Tower von London, ersetzt. Der Umfang beträgt 57 mal 33 Meter.

Wohnturmburg

Graben

Wohnturmburg

1200 n. Chr.

Entlang der römischen Mauer und der Erdwälle wird ein Graben ausgehoben. Anschließend entsteht der Bell Tower (im Plan links vom White Tower).

Römische Mauer

Der Tower von London

Die Bauweise der Hof- und Hügelburg veränderte sich in den folgenden drei Jahrhunderten und brachte eine weiterentwickelte Anlage hervor. Der eigentliche Wohn- und Arbeitsbereich war jetzt von einer Ringmauer mit wuchtigen Mauertürmen umschlossen. In England ist die Stadt Caernarvon das vollendete Beispiel dafür. Die Anregungen für diese Neuerungen kamen von den Kreuzritterburgen im Osten des Landes.

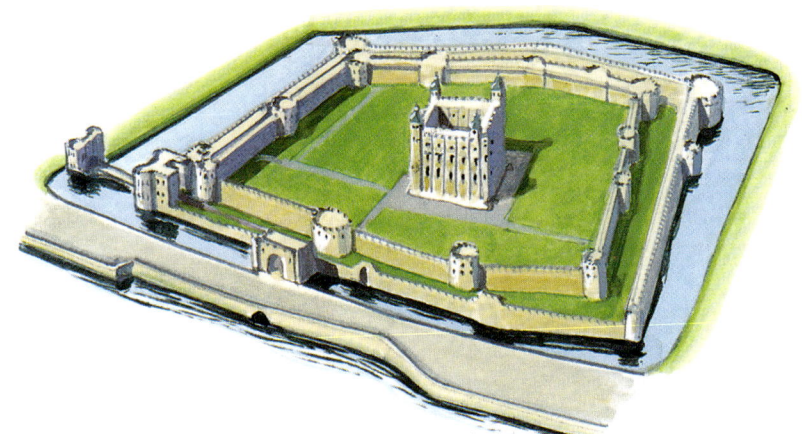

Burggraben

An drei Seiten steinerne Befestigungsmauer mit Türmen

1260 n. Chr.

Heinrich der Dritte verwandelt den Tower durch den Bau einer Steinmauer mit 13 Mauertürmen in eine konzentrische Befestigungsanlage.

Neuere westliche Mauer

Verbreiterter Burggraben

Traitor's Gate

1300 n. Chr.

Nachdem die beiden konzentrischen Ringmauern erstellt sind, wird die Flußstützmauer hochgezogen und gefestigt.

Der White Tower

Der steinerne Wohnturm einer Burg diente stets als letzter Zufluchtsort und war deshalb massiv gebaut. Die Mauern des normannischen White Tower bestehen aus Steinblockschichten mit losem Gestein dazwischen. Die Stützpfeiler entlasten das Mauerwerk und dienen als Verstärkung, weil die Mauer ja feindliche Angriffe abwehren sollte.

Unbearbeitete Stützpfeiler

Flacher Stützpfeiler

Alt-Amsterdam

Einige europäische Städte wurden schon im Altertum gegründet. Dazu gehören Rom und London, das den römischen Namen Londinium erhielt. Andere Städte entstanden sehr viel später.

Besonders bemerkenswert war die Gründung Amsterdams. Der Baugrund war sehr schlecht, und dennoch wuchs die Siedlung allmählich zu einer eleganten, regelmäßig angeordneten Stadt heran. Im Jahre 1204 gab es an der Amstel eine einzige Burg. Um diese Burg wurden ringsherum weitere Häuser gebaut. Bald ließen die Siedler sich auch auf der anderen Seite des Flusses nieder. Im Jahre 1342 errichtete man einen Schutzwall und zog einen Wassergraben rund um die Stadt. So wuchs die Stadt immer weiter und dehnte sich aus. Mit der Zeit entstanden immer neue ringförmige Wassergräben, und an diesen Grachten entlang bauten die Menschen ihre Häuser.

Der Hafen

Im 17. Jahrhundert siedelten sich die Hugenotten an, die aus Frankreich und Holland von religiösen Eiferern vertrieben wurden. Das Areal der Stadt wurde vervierfacht. Man legte einfach vier weitere ringförmige Kanäle an, die von anderen Kanälen geschnitten wurden. Auf diese Weise entwickelte sich Amsterdam zu einer Stadt aus einigen Hunderten von Menschenhand geschaffenen Inseln.

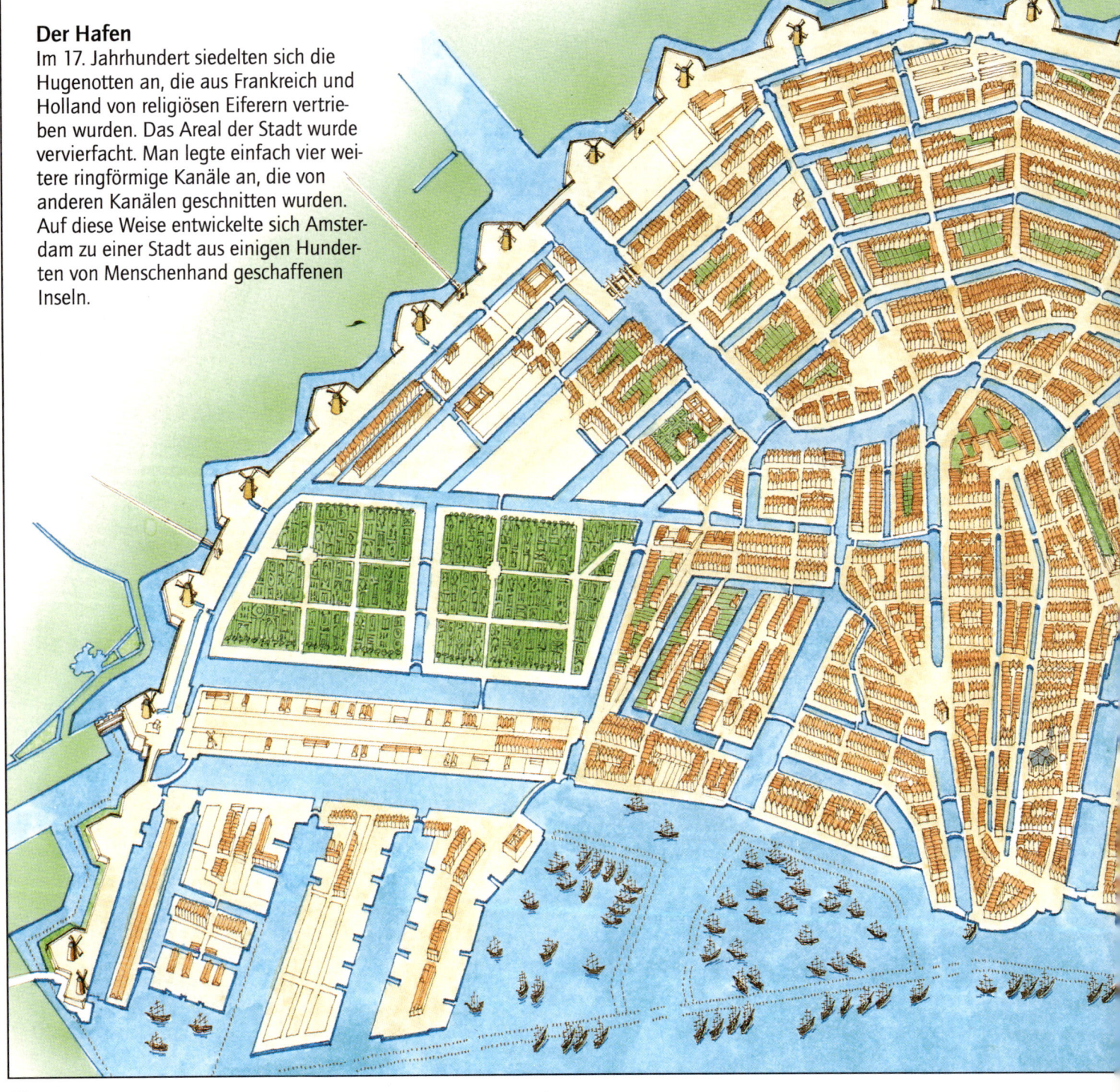

Die Kanäle

Der äußere Kanal heißt Singelgracht und mißt über 10,5 Kilometer. Die Singelgracht war ursprünglich von Festungen umgeben. Die wurden aber vor etwa hundert Jahren beseitigt und durch Gartenanlagen ersetzt.

Die künstlichen Inseln

Ein großer Teil der Niederlande befindet sich unterhalb des Meeresspiegels. Aber die Niederländer sind überaus geschickt in der Anlage von Bauwerken auf diesem aufgeweichten Grund. Amsterdam ist das beste Beispiel dafür. Der Boden besteht aus einer 15 Meter dicken Schlammschicht über einer 3 Meter dicken Lage Sand. Über die Jahrhunderte hinweg dienten Tausende von Holzpfählen als Fundament. Viele dieser Inseln bestehen ganz aus Pfählen, die man in das weiche Flußbett rammte.

Die Pfahlramme

Welche Maschinen die Erbauer Amsterdams benutzten, um die Original-Eichenpfosten für den Stadtkern in den Boden zu rammen, ist nicht mit Sicherheit zu sagen. Vorstellen können wir es uns auf diese Weise: Die Ramme wird auf ein Boot gehievt, und der einzurammende Holzpfahl wird senkrecht zwischen die beiden Pfosten gesteckt. Dann zieht eine Gruppe von Arbeitern einen schweren Stein über einen Seilzug nach oben und läßt ihn mit voller Wucht auf den Pfahl herunterfallen. Nach den Berechnungen waren wahrscheinlich sechs oder sieben Salven von jeweils 20 Stößen erforderlich, bis der Pfahl tief und fest im Boden steckte.

Machu Picchu

Schon vor vielen tausend Jahren lebten Menschen im Norden und im Süden Amerikas. Es gibt dort viele eindrucksvolle Bauwerke, darunter auch gewaltige Pyramiden. Die sind zwar nicht so steil, aber doch hoch genug, um es mit den ägyptischen Pyramiden aufzunehmen. An bautechnischen Entwicklungen hat uns die Neue Welt allerdings nichts gebracht.

Hoch oben in den peruanischen Anden liegt die Ruinenstadt Machu Picchu. Sie befindet sich 2 500 Meter über dem Meeresspiegel und wurde erst Anfang dieses Jahrhunderts wiederentdeckt. Machu Picchu war eine der bemerkenswertesten Städte der Welt und thront über einem Flußtal, im Schutz eines 5 000 Meter hohen Gipfels.

Die Decksteine

Die Maueröffnungen sind mit einfachen Balken abgedeckt. Bogen, Wölbungen, Zement, Pendentifkuppeln und die anderen großartigen Erfindungen der Kulturen des Altertums kannte man nicht. Das Mauerwerk ist dem der mykenischen Kultur sehr ähnlich – blättert einfach zurück und seht Euch noch einmal das Grab des Agamemnon an! Das wurde aber schon 1400 v. Chr. erbaut. Machu Picchu dagegen entstand erst 1500 n. Chr. – fast 3 000 Jahre später.

Die Steinblöcke

Die Dorfbewohner waren die Inkas, die einst über weite Teile Südamerikas herrschten. Wenn Ihr genauer hinseht, werdet Ihr feststellen, wie fein und präzise das Mauerwerk gearbeitet ist. Die Inkas brauchten keinen Mörtel, weil jeder Stein sorgfältig in Form gehauen wurde.

Die Anlage

Die Gestaltung des Dorfes folgte einem regelmäßigen Muster. Rundherum wurden Kornfelder angelegt, die sich terrassenartig an den Hängen hinaufzogen.

Der Terrassenbau

In Amerika tauchten die ersten Hochkulturen relativ spät auf. Bald darauf
fiel das Inka-Reich in die Hände des spanischen Eroberers Pizarro, so daß für die
eigene kulturelle Weiterentwicklung
keine Zeit mehr blieb.

Wie die Inkas Mauern bauten

Das ganze Dorf überdeckte eine Fläche
von über acht Kilometern im Quadrat.
Die Inkas erbauten Machu Picchu mit
denkbar einfachen Mitteln. Alle Häuser
bestehen aus dicken Steinblöcken, die
mit atemberaubender Präzision anein-
andergepaßt wurden. Die Steinblöcke
wurden in Handarbeit mit Hilfe harter,
schwerer Steine in Form gehämmert.
Wenn der Block die gewünschte Gestalt
hatte, wurde er noch mit Sand feinge-
schliffen.
Eine der Häuserzeilen gilt als „genial",
weil das Mauerwerk dort besonders
kunstvoll ineinandergefügt ist.

Der Fachwerkbau

Die meisten Bauwerke des Altertums, die wir in diesem Buch vorstellen, wurden aus Naturstein, Ziegelstein oder Zement gebaut; das Mauerwerk wurde hochgeschichtet und überwölbt, mal mit und mal ohne Mörtel. In jedem Fall werden sie von den Gesetzmäßigkeiten der Schwerkraft bestimmt. Ganz anders verhält es sich bei einem Fachwerkbau: alle Bauteile – Querung, Wände,

Boden und Dach – werden aus einzelnen Holzpfosten zusammengezimmert und anschließend zu einem festen Rahmenwerk miteinander verbunden. Selbst wenn man es umkippt oder auf den Kopf stellt, bleibt es in jeder Lage stabil, wenn das Holz nur hält – bei einer gotischen Kathedrale oder einem griechischen Tempel wäre so etwas unvorstellbar!

Weitere Bauten

Wie man seit der Entstehung der Vorhalle zum Pantheon lange Holzsparren zum Überdachen einsetzte, ist Euch bereits bekannt. Wie die folgenden Abbildungen zeigen, haben einige bemerkenswerte Bauwerke aus Holz auffallend schöne Fachwerkdächer – häufig sind es geräumige Scheunen, die noch erhalten sind.

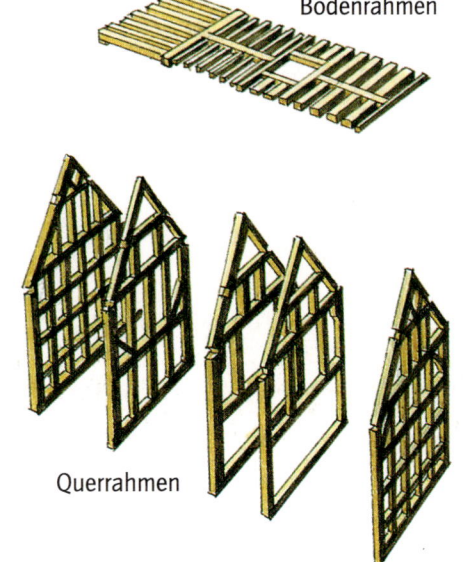

Bodenrahmen

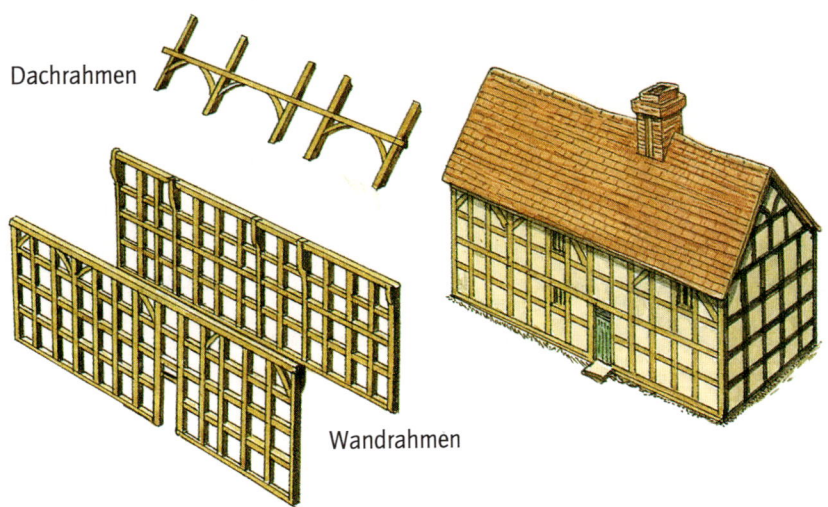

Dachrahmen

Wandrahmen

Querrahmen

So wird das Holz verbunden

Bei einem reinen Fachwerkhaus lastet ein großer Teil des Gesamtgewichts auf den Stellen, an denen die einzelnen Glieder des Rahmenwerks miteinander verbunden sind. Die Verbindungen müssen deshalb so stabil sein, daß sie der späteren Beanspruchung durch Druck und Zug standhalten. Weil die Beanspruchung von Stelle zu Stelle unterschiedlich ist, gibt es auch unterschiedliche Arten von Holzverbindungen. Einige davon kannten bereits die Zimmerleute der Ägypter, der Griechen und der Römer. Sie werden auch heute noch verwendet. Hier seht Ihr die beiden bekanntesten Formen.

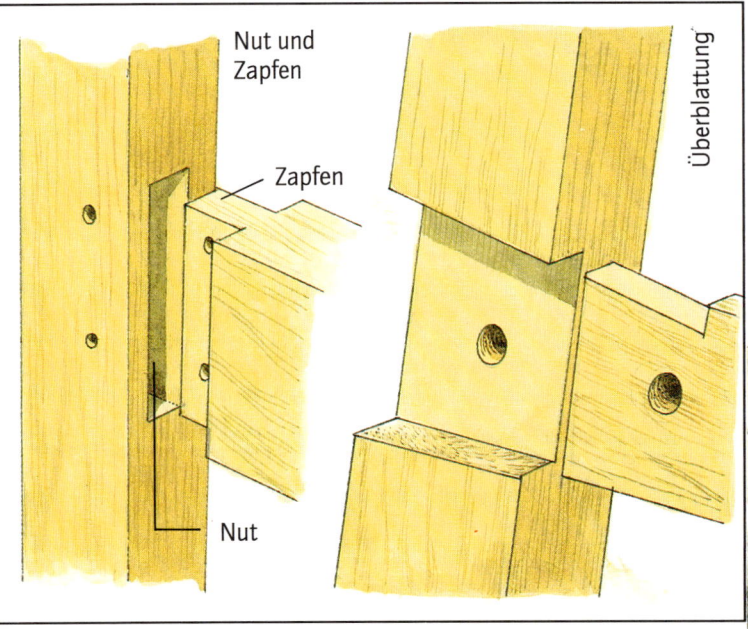

Nut und Zapfen

Zapfen

Überblattung

Nut

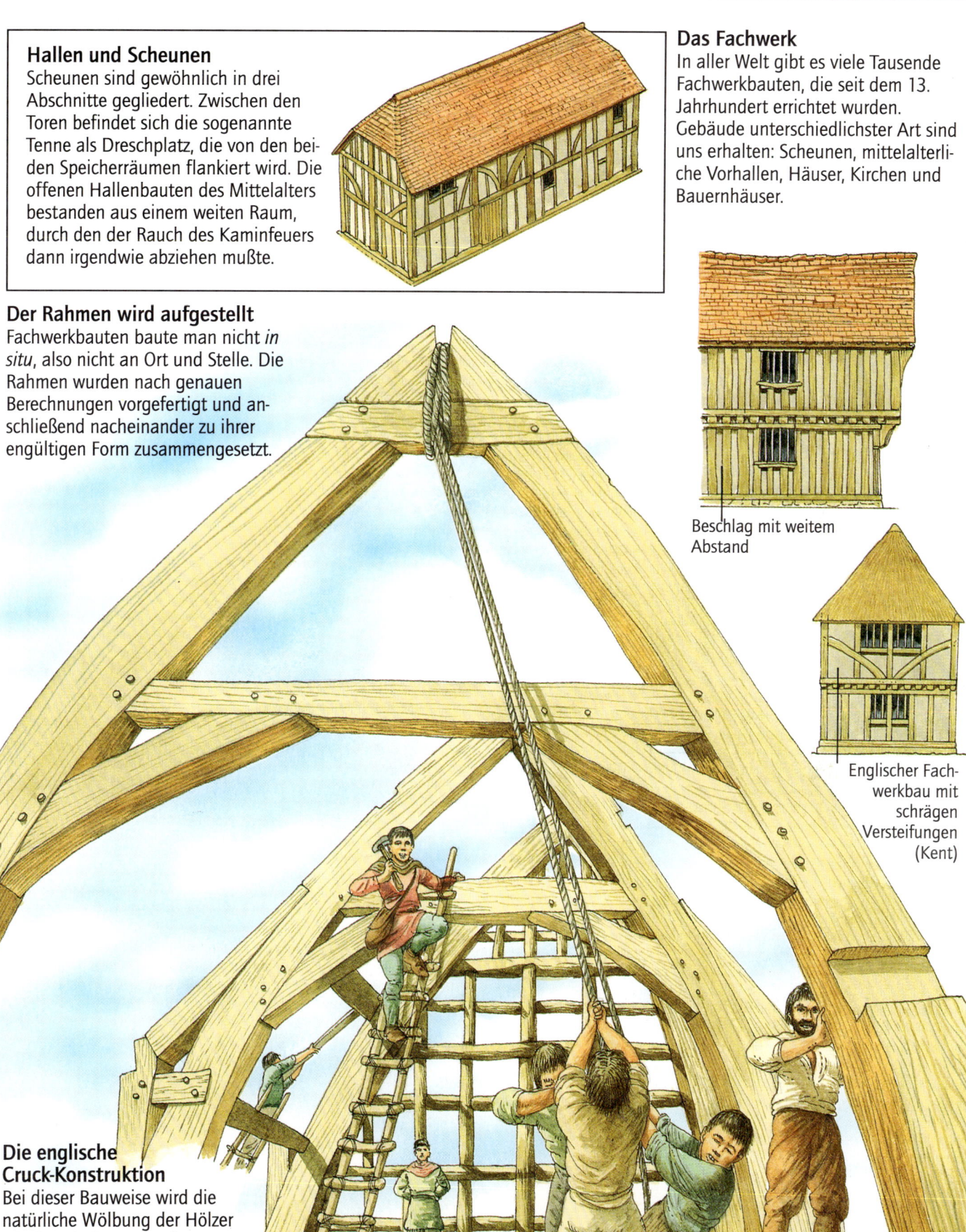

Hallen und Scheunen

Scheunen sind gewöhnlich in drei Abschnitte gegliedert. Zwischen den Toren befindet sich die sogenannte Tenne als Dreschplatz, die von den beiden Speicherräumen flankiert wird. Die offenen Hallenbauten des Mittelalters bestanden aus einem weiten Raum, durch den der Rauch des Kaminfeuers dann irgendwie abziehen mußte.

Das Fachwerk

In aller Welt gibt es viele Tausende Fachwerkbauten, die seit dem 13. Jahrhundert errichtet wurden. Gebäude unterschiedlichster Art sind uns erhalten: Scheunen, mittelalterliche Vorhallen, Häuser, Kirchen und Bauernhäuser.

Der Rahmen wird aufgestellt

Fachwerkbauten baute man nicht *in situ*, also nicht an Ort und Stelle. Die Rahmen wurden nach genauen Berechnungen vorgefertigt und anschließend nacheinander zu ihrer engültigen Form zusammengesetzt.

Beschlag mit weitem Abstand

Englischer Fachwerkbau mit schrägen Versteifungen (Kent)

Die englische Cruck-Konstruktion

Bei dieser Bauweise wird die natürliche Wölbung der Hölzer erhalten, indem man die Baumstämme in Längsrichtung spaltet. Die beiden gebogenen Teile (eben die Crucks) werden zu einem Rahmen miteinander verbunden.

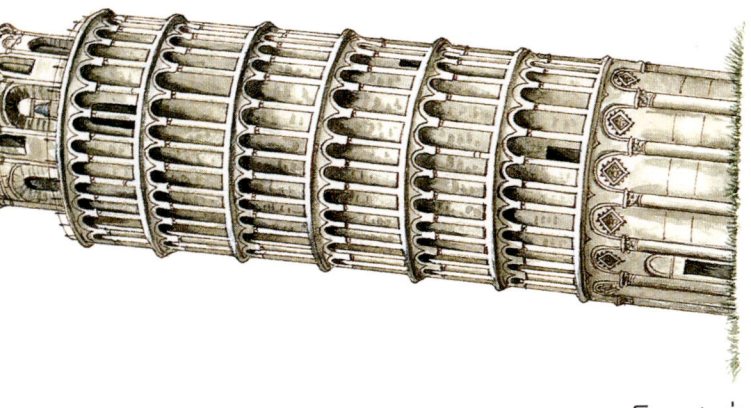

Der Schiefe Turm von Pisa

Die italienischen Glockentürme, auch Campanile genannt, sind sehr häufig von der eigentlichen Kathedrale getrennt. Das ist auch beim Glockenturm von Pisa der Fall. Er wurde zwischen 1174 und 1271 erbaut. Und schon als im Jahre 1350 der Bau an der oberen Galerie mit der Glocke begann, schien der Turm aus dem Gleichgewicht zu geraten. Er war schief, noch ehe das Werk überhaupt vollendet war.

Nun versuchten die Baumeister, das Werk zu retten, indem sie der Turmspitze eine Krümmung in der umgekehrten Richtung gaben. So hat der Turm nun eine leicht schiefe Haltung. Das liegt an dem schlechten Baugrund. Er ist viel zu weich und das Fundament des Turmes nicht breit genug, um die ständige Überbelastung des Bodens abzufangen, so daß der Turm immer weiter in die Erde sinkt.

Wie schief ist er denn?

Der Schiefe Turm hat eine Gesamthöhe von mehr als 46 Metern und einen Durchmesser von 16 Metern. Seit sieben Jahrhunderten rutscht er immer weiter in den Boden hinein und weicht mittlerweile schon 4,5 Meter von der Senkrechten ab. Praktisch sieht das so aus: Stellt Euch vor, Ihr steht auf der obersten Plattform und laßt einen Stein hinunterfallen. Der fällt natürlich lotrecht und schlägt im Abstand von 4, 5 Metern neben dem Turm auf die Erde.

Ob er wohl umfällt?

Jedes Jahr wird der Turm noch ein bißchen schiefer. Dadurch werden die Spannungen im Mauerwerk so stark, daß er irgendwann umkippen wird.

Rettet den Turm!

Der Schiefe Turm ist so beliebt, daß ihn eigentlich niemand so gerne aufrichten würde! Am besten wäre es, ihn in der Schieflage zu stabilisieren, indem man ihn gerade soweit gerade rückt, daß die Spannungen im Mauerwerk nachlassen. Und so könnte er dann stehenbleiben.

Auch andere Türme sind schief

Pisa hat nicht den einzigen schiefen Campanile. Hier seht Ihr zwei weitere, die Torre Asinelli und die Torre Garisenda. Sie sind etwas älter und stehen in Bologna. Selbst der kleinere von beiden ist noch etwas höher als der Schiefe Turm von Pisa.

Westminster Hall

Wie Ihr schon wißt, zählten die großen Scheunen in englischer Cruck-Bauweise zu den eindrucksvollsten Fachwerkhäusern des Mittelalters. Es gibt aber noch ein besonders schönes Holzdach aus dem Mittelalter. Es überdeckt keine Scheune, und mit Cruck hat es auch nichts gemein. Ungefähr um 1390 beauftragte der englische König Richard II. seinen Zimmermeister Hugh Herland, in London eine große Halle für Repräsentationszwecke zu bauen. So entstand Westminster Hall mit der größten Stichbalkendecke aller Zeiten. Fast sechs Jahrhunderte hat sie bereits überdauert. Zimmermeister Herland gelang es, die enorme Entfernung von 20,5 Metern ohne einen einzigen Zwischenträger zu überspannen.

Bogenstrebe

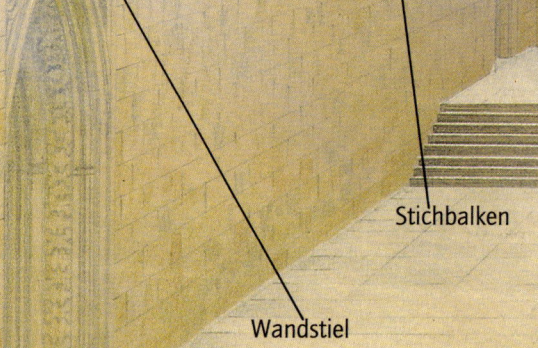

Wie das Holz vorbereitet wurde

Bauwerke aus Holz wie auf den Seiten 64 und 65 erforderten riesige Mengen Bauholz. Dafür wurden die Holzstämme in dicke Stücke zu langen Pfosten geschnitten oder auch zu Planken für den Boden.

Zunächst entfernte man die Rinde, anschließend zerteilte man den Stamm mit einer Bandsäge. Die Schnittweise war sehr vielfältig, weil man die unterschiedlichen Maserungen des Holzes nutzen wollte.

Stichbalken

Wandstiel

Die Bauweise

Die Steinwände entstanden im 12. Jahrhundert. Darüber entstand Herlands Dach, das in 20 Buchten gegliedert ist. Seilwinden, die über Muskelkraft von Mensch oder Tier bewegt wurden, waren die einzigen Hilfsmittel. Jede Bucht wurde abschnittweise aufgebaut, wobei man vermutlich bei den Wandstielen und den Stichbalken begann. Die Bogenverstrebungen wurden unten am Boden vorgefertigt und dann auf die Wände gesetzt. So erhielt man Plattformen, von denen aus weitergearbeitet werden konnte.

Die Dachkonstruktion

Die gewaltige Last des Dachgewölbes fließt über die Strebebögen und die Stichbalken nach unten in die Mauervorsprünge oder Vorkragungen.

Weil das Gewicht des Gewölbes im unteren Teil auf halber Höhe von der Wand getragen wird, werden die nach außen wirkenden Schubkräfte geringer. Das wäre nicht der Fall, wenn man die Last an den Stichbalken entlang nach oben ableiten würde.

Die Stichbalken

Die Stichbalken sind nicht auf Druck (durch das Gewicht des Gewölbes) beansprucht, sondern auf Spannung – sie fangen die seitlichen Schubkräfte der Dachsparren ab. Das ganze Dachgewölbe ist eine freitragende Konstruktion in vollendeter Harmonie von Kraft und Gegenkraft. Diese Architektur vereint eine meisterliche Bautechnik mit überwältigender Schönheit.

Angkor Wat

Die gotische Kathedrale, die mit gewaltigen Wölbungen in den Himmel strebte, war das großartigste und schönste Sinnbild der christlichen Baukunst des Abendlandes. Die Religionen des Ostens entwickelten wiederum eine ganz andere Formensprache. In allen Teilen Südwestasiens sind heute noch wunderschön verzierte Tempel erhalten. Der krönende Höhepunkt ist jedoch die kambodschanische Tempelanlage von Angkor Wat. Das Bauwerk enthält zwar keine bautechnischen Erneuerungen, denn die Kultur der Khmer kannte den Bogen noch nicht. Doch auch ohne diese Technik entstand dieser prächtige, weiträumige Tempel.

Buddhistische Baudenkmäler

Während die Architektur der hinduistischen Religion von ihren Tempeltürmen geprägt wird, haben die Buddhisten den Stupa. Ursprünglich als Grabmal gedacht, entwickelte der Stupa im Laufe der Jahrhunderte in Indien und Sri Lanka mannigfaltige Formen, Größen und Verzierungen. Unten seht Ihr den Ruwanveliseya Stupa in Anuradhapura auf der Insel Sri Lanka. Er ragt 90 Meter hoch und wurde im zweiten Jahrhundert v. Chr. erbaut.

Das Kraggewölbe

Zu den Bautechniken gehörte auch die Kragtechnik mit Hilfe von Holzbalken, die als Verstärkung in die Mitte ausgehöhlter Steinblöcke gesetzt wurden. Die Kunst dieser Baumeister bestand in der grandiosen Gestaltung und in ihrem Geschick, jede einzelne Fläche des Tempels auf das prachtvollste zu verzieren.

Die Konstruktion

Angkor Wat bildet den krönenden Höhepunkt der kambodschanischen Khmer-Kultur. Im 12. Jahrhundert n. Chr. wurde der Tempel unter König Suryavaman II. erbaut. Er ist von einem fünf Kilometer langen Graben umgeben. Als Baumaterial wurde Ziegelstein, Sandstein und Lateriterde verwendet.

Die Dächer

Das Kraggewölbe kann nur geringe Zwischenräume überspannen. Daher wurden alle größeren Teilräume des Tempels aus vielen kleinen Einheiten zusammengesetzt und über Galerien miteinander verbunden.

Die Hofmauern

Die Hofmauern liegen unter vorkragenden Dachgesimsen und geneigten Dächern. Mörtel wurde nicht verwendet. Das überaus fein gearbeitete Mauerwerk ist noch heute vollständig wasserfest.

Der Kern der Tempelstadt

Der Kern der Tempelstadt Angkor Wat ist sehr ausgedehnt. Er mißt rund 350 Meter auf 250 Meter und bedeckt eine Fläche von mehr als 80 000 m².

Innerhalb der Mauerumfassung wurden Terrassen, Galerien und Kolonnaden angelegt. An dekorativen Ecktürmen und Pavillons entlang geht es von dort bis zum zentralen Punkt der Stadt.

Der zentrale Block hat vier Türme, einen an jeder Ecke. Der höchste Turm steht in der Mitte und ist 65 Meter hoch. Er bildet einen prachtvoll verzierten Hügel aus Stein.

Old London Bridge

Die mittelalterlichen Baumeister brachten prachtvolle Kathedralen hervor, während sie für den Brückenbau keine besondere Neigung zeigten. So sind uns heute nur wenige Exemplare aus dieser Zeit erhalten.

Das berühmteste ist vermutlich die Old London Bridge. Sie hat tatsächlich sechs Jahrhunderte überdauert und ist dennoch ein Lehrbeispiel dafür, wie man es lieber *nicht* machen sollte. Begonnen wurde sie im Jahre 1176 von einem Mann namens Peter of Colechurch. Sie sollte eine bisherige Holzbrücke ersetzen, wurde aber erst 1209 fertiggestellt. Obwohl man in anderen Ländern schon viel größere Spannweiten überwölben konnte, wurden für die London Bridge noch sage und schreibe 19 Bögen über eine Länge von ganzen 200 Metern gespannt. Aus Sicherheitsgründen kam noch eine Zugbrücke hinzu, und das Ganze ruhte auf Brückenköpfen *(siehe unten)*.

Die Brückenpfeiler

Schritt für Schritt wurden im Verlauf der 33 Jahre dauernden Bauarbeiten nacheinander große Betonkästen, sogenannte Caissons, im Flußbett versenkt und Eichen- und Ulmenstämme in den Grund gerammt. Das diente als Fundament zur Verankerung der Brückenpfeiler. Dann wurden Arbeitskähne gegen die Strömung vertäut und das Innere der Betonkästen mit Felsbrocken aufgefüllt. Um einen flachen Baugrund zu erhalten, legte man noch ein paar Lagen Holzplanken darüber, wobei die unterste Planke bei Ebbe eingesetzt wurde.

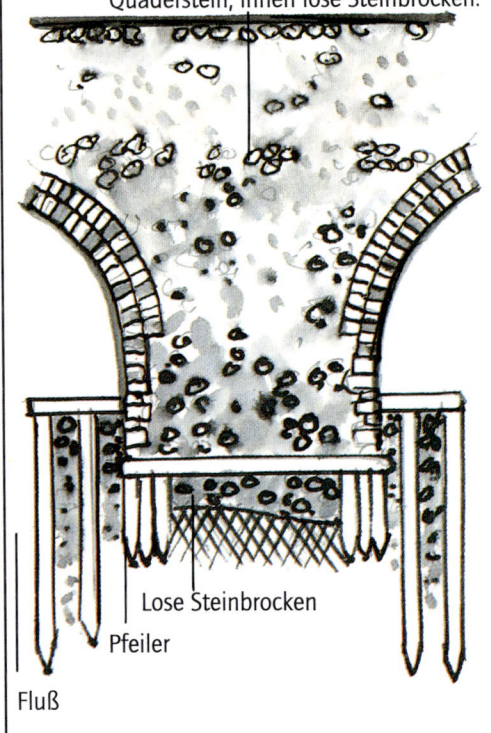

Das äußere Mauerwerk aus Quaderstein, innen lose Steinbrocken.

Lose Steinbrocken

Pfeiler

Fluß

Der Druck auf die Fundamente

Die Brückenpfeiler waren sehr verschleißanfällig. So entwickelte sich die Geschichte der London Bridge zu einer endlosen Saga immer wiederkehrender Ausbesserungsarbeiten. Und die Sache wurde noch erschwert, weil oben auf der Brücke ein richtiges Stadtviertel entstanden war – mit Häusern, Geschäften, Wirtshäusern und sogar Turmbauten.

Die Brückenköpfe

Daß die Brückenköpfe und dadurch auch die Bögen unterschiedlich groß waren und in unregelmäßigen Abständen zueinander gebaut wurden, war schlimm genug. Aber obendrein füllte all das bereits drei Viertel der Flußbreite, so daß sich die ohnehin kräftig strömende Themse an dieser engen Stelle in einen reißenden Strom verwandelte.

Die Geschäfte

Die Häuser waren nicht nur unstabil (einmal soll eine ganze Häuserzeile von der Brücke ins Wasser gekippt sein), sondern erhöhten auch den Druck auf die Fundamente. Die Instandhaltung war äußerst problematisch.

Neue Brücken

Die zweite London Bridge wurde im Jahre 1831 erbaut. In den 60er Jahren des 20. Jahrhunderts riß man sie wieder ab und verkaufte sie an eine amerikanische Stadt namens Lake Havasu in Arizona. Dort wurde sie als Touristenattraktion wieder aufgebaut. Die Ersatzbrücke ist eine Konstruktion aus Stahlbeton.

Der Taj Mahal

Nun befassen wir uns mit einem Bauwerk, das vielleicht in aller Welt am berühmtesten ist. Die Schönheit ist vollkommen: ein gewaltiges marmornes Mausoleum, das ein trauernder indischer Herrscher aus Liebe zu seiner verstorbenen Frau als Grabmal errichten ließ.

Der Bau begann unter dem Mogulherrscher Shah Jahan bei der Stadt Agra im Jahre 1632. Mumtaz Mahl, die Lieblingsfrau des Shahs, war im Vorjahr gestorben. Über 20 000 Männer benötigten 11 Jahre, um das Mausoleum zu vollenden. Weitere 11 Jahre beanspruchte die Anlage der Umfassungsmauer, der Moscheen, des Eingangstors und der Minarette. Die perfekten Maßverhältnisse, die Marmorinkrustationen und die hellschimmernde Oberfläche des weißen Marmors täuschen über die Größe und die massive Wuchtigkeit des Taj Mahal hinweg.

Das Ziegelwerk

Die vier Ecken des Bauwerks sind die wichtigsten Teile der Konstruktion. Vier achteckige Türme sind von kleinen Kuppeln gekrönt. Die sind über die Innenwände miteinander verbunden und tragen auf diese Weise die Innenschale der Hauptkuppel, die das Grab der Kaiserin überwölbt. Sie ist 24,5 Meter hoch und hat einen Durchmesser von 17,7 Meter.

Wenn man sich die Bilder ansieht, könnte man fast meinen, der Taj Mahal sei eine Skulptur und kein richtiges Bauwerk. Doch der Anschein trügt: In Wirklichkeit überragt der Taj Mahal die mächtige Hagia Sophia in Istanbul.

Das Grab

Die zentrale Grabkammer des Taj Mahal ist achteckig. Zu Ehren des Shahs und seiner Gemahlin sind in der Mitte des Raumes Marmorstatuen aufgestellt, die sogenannten Kenotaphen. Ringsherum steht ein prachtvolles Gitter aus Marmor. In den Marmorstein sind feinste Verzierungen eingemeißelt und kostbare Edelsteine eingelegt. Die Sarkophage mit den Gebeinen des Liebespaares wurden in ein Gewölbe versenkt, das unterhalb der Kammer und direkt unter dem sichtbaren Teil des Bauwerks liegt.

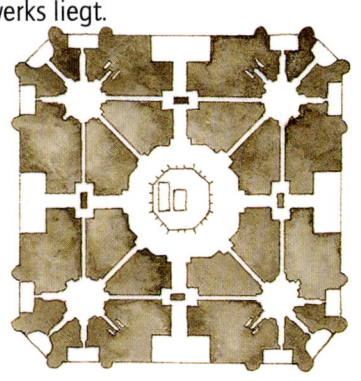

Außenkuppel

Innenkuppel

Das Grab

Der Grundriß
Die ganze Anlage mißt 580 Meter auf 304 Meter. Von dieser Fläche beansprucht der eigentliche Taj Mahal ein Quadrat von 57 Metern. Die vier Außenfassaden, die vollkommen gleich aussehen, werden jeweils von einem 33 Meter hochstrebenden Bogen durchbrochen.

Die Kuppel
Das überragende Merkmal und die Krönung dieses weltberühmten Bauwerks bildet die zweite, die äußere Kuppel. Die Wölbung ihrer Außenwand beginnt zunächst in einer sanft gekrümmten Zwiebelform, die für Indien typisch ist. Danach verengt sie sich nach oben hin, um sich dann am höchsten Punkt zu schließen – fast 61 Meter über dem Boden.

St. Paul's Cathedral

Die alte St. Paul's Cathedral war Englands größte gotische Kathedrale. Als London im Jahre 1666 brannte, wurde sie das Opfer der wütenden Flammen.

Zwischen 1675 und 1710 entstand die neue St. Paul's Cathedral. Sie war das Werk eines einzigen Architekten namens Sir Christopher Wren. Sein Entwurf enthält Bauelemente, die wir bereits kennen: romanische Halbkreisgewölbe für die Innenräume, klassische Säulen und Kapitelle für die Außenwände, dahinter gotisches Strebewerk und Barockmalereien für die Decken. Verborgen bleibt jedoch der originellste Teil des Bauwerks – die Bauweise der großen Kuppel. Vergleicht sie doch mal mit dem Pantheon und dem Dom von Florenz!

Die Kuppel

Wenn Ihr unten in der Vierung zwischen Hauptschiff, Querschiff und Chor nach oben blickt, seht Ihr eine ausgemalte halbkreisförmige Kuppel. Ihre Backsteinwand ist nur 46 Zentimeter dick. Darüber befindet sich eine weitere Backsteinkonstruktion, die dem Auge aber verborgen bleibt: ein kegelförmiges Gebilde, durch Ringanker gestützt und ebenfalls nur 46 Zentimeter dick. Dieser Kegel trägt die von außen sichtbare Kuppel. Die ist nicht aus Stein, sondern aus Holz und mit Blei verkleidet. Und darüber ruht noch ein steinerner Aufbau, die Laterne. Ihr Gewicht lastet auf der darunterliegenden kegelförmigen Schale, deren abgeschrägte Wände eher auf Druck und nicht auf Spannung beansprucht werden. Auf diese Weise wird der Seitenschub aufgefangen.

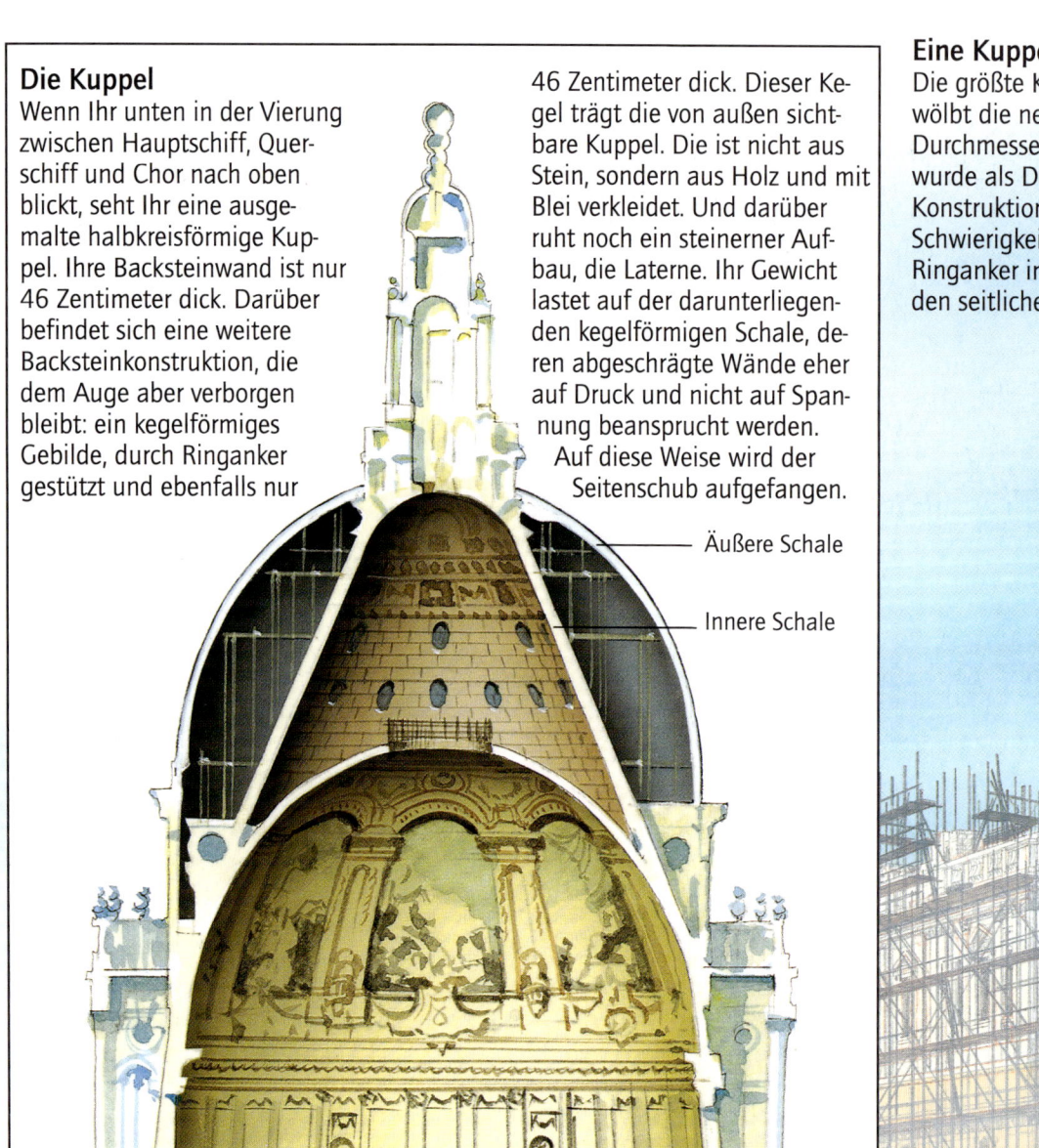

Äußere Schale

Innere Schale

Eine Kuppel

Die größte Kirchenkuppel der Welt überwölbt die neue Peterskirche in Rom. Ihr Durchmesser beträgt 48 Meter. Auch sie wurde als Doppelkuppel gebaut. Die Konstruktion bereitete jedoch so große Schwierigkeiten, daß man sieben eiserne Ringanker in die Basis einmauerte, um den seitlichen Schub aufzufangen.

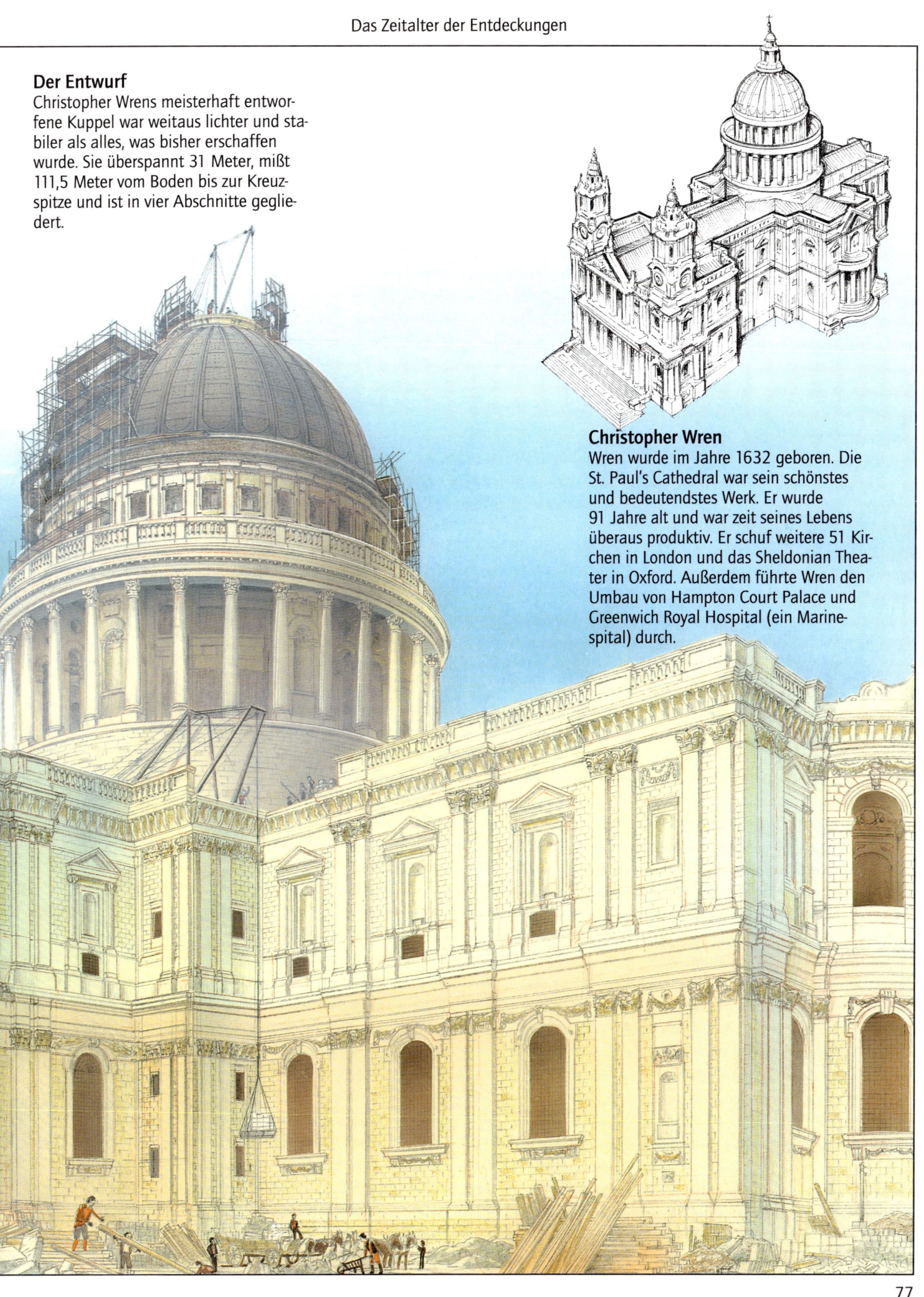

Der Entwurf

Christopher Wrens meisterhaft entworfene Kuppel war weitaus lichter und stabiler als alles, was bisher erschaffen wurde. Sie überspannt 31 Meter, mißt 111,5 Meter vom Boden bis zur Kreuzspitze und ist in vier Abschnitte gegliedert.

Christopher Wren

Wren wurde im Jahre 1632 geboren. Die St. Paul's Cathedral war sein schönstes und bedeutendstes Werk. Er wurde 91 Jahre alt und war zeit seines Lebens überaus produktiv. Er schuf weitere 51 Kirchen in London und das Sheldonian Theater in Oxford. Außerdem führte Wren den Umbau von Hampton Court Palace und Greenwich Royal Hospital (ein Marinespital) durch.

Royal Crescent

Die Stadt Bath geht auf eine Anlage der Römer zurück (Aquae Sulis). Die Bäder sind noch erhalten. Sie verwenden das Wasser natürlicher Quellen, denen heilende Wirkung zugeschrieben wird. Binnen einiger hundert Jahre wuchs Bath zu einer blühenden Handelsstadt heran, genießt aber nach wie vor das Ansehen eines Kurortes. Im 18. Jahrhundert gehörte es zum guten Ton, nach Bath und zur Entschlackungskur zu fahren. Zwei heimische Architekten, John Wood und sein Sohn John Wood jr., übernahmen die Aufgabe, den Ort zu einer schönen, symmetrisch angeordneten neuen Stadt auszubauen. Daß auch das passende Baumaterial – der berühmte honigfarbene heimische Muschelkalkstein – im näheren Umkreis zur Verfügung stand, war ein Glücksfall.

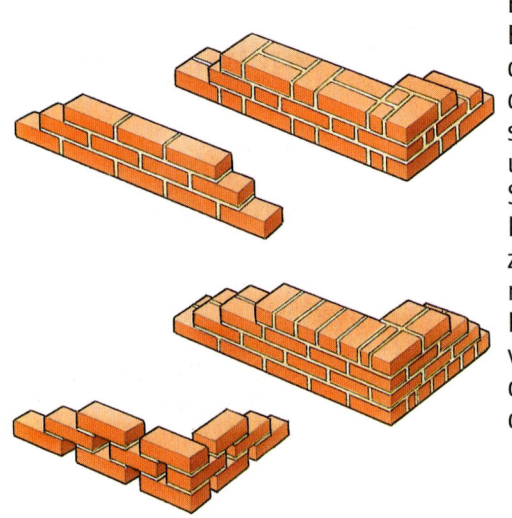

Backsteine

Es gibt mannigfaltige Möglichkeiten, Backstein als Baumaterial zu verwenden. Ein Mauerwerk aus Backstein ist dadurch gekennzeichnet, daß die Steine stets versetzt übereinander liegen. Man unterscheidet den Binder, der die Schmalseite nach außen kehrt, und den Läufer, der im Mauerwerk die Langseite zeigt. Unter dem Mauerwerk versteht man die Anordnung der Backsteine. Hier seht Ihr in Uhrzeigerrichtung die vier häufigsten Formen: das englische, das amerikanische, das flämische und das übliche Mauerwerk.

Die Kamine

Im georgianischen England wurde Brennholz mehr und mehr von der Kohle verdrängt. Der bisherige Kamin verschwendete zuviel Wärme. Kohle kam statt dessen auf einen Eisenrost, der den Raum wesentlich besser heizte. Hier seht Ihr zwei Arten von Kaminen. Der Kamin links im Bild wurde für Terrassenhäuser benutzt, der auf der rechten Bildseite diente für freistehende Häuser.

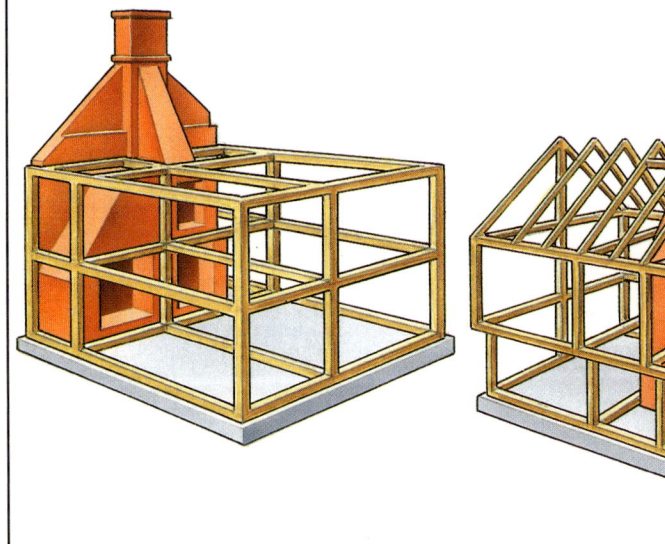

Royal Crescent

Royal Crescent besteht aus einem einfachen, großen Halbring aus 30 Häusern, die auf einer Anhöhe stehen. Royal Crescent hat die Eleganz eines Palastes und gleicht einem englischen Versailles. Der Unterschied: Dieser Komplex wurde nicht für einen einzigen absoluten Herrscher, sondern als Wohnstatt für ganz normale Bürger gebaut.

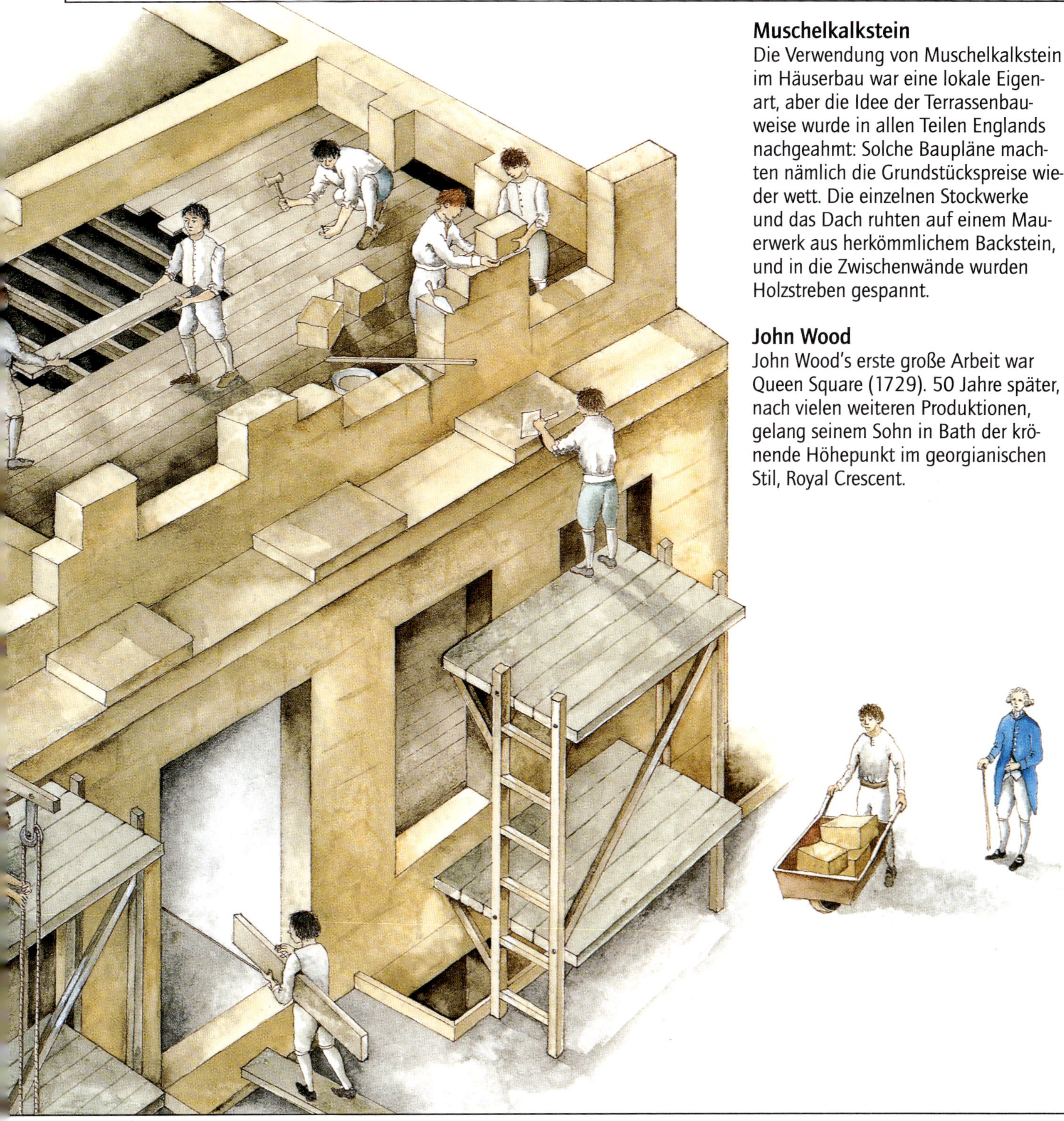

Muschelkalkstein

Die Verwendung von Muschelkalkstein im Häuserbau war eine lokale Eigenart, aber die Idee der Terrassenbauweise wurde in allen Teilen Englands nachgeahmt: Solche Baupläne machten nämlich die Grundstückspreise wieder wett. Die einzelnen Stockwerke und das Dach ruhten auf einem Mauerwerk aus herkömmlichem Backstein, und in die Zwischenwände wurden Holzstreben gespannt.

John Wood

John Wood's erste große Arbeit war Queen Square (1729). 50 Jahre später, nach vielen weiteren Produktionen, gelang seinem Sohn in Bath der krönende Höhepunkt im georgianischen Stil, Royal Crescent.

Die Moschee in Djenne

Einige Bautechniken, die eigentlich längst der Vergangenheit angehören, sind auch heute noch für bestimmte Gegenden besonders gut geeignet.

Auch in unserer Zeit wohnt die Hälfte der Menschheit in Häusern aus Lehm. Um die Umwelt zu schonen – ein Punkt, der immer mehr Gewicht erhält –, werden diese billigen Unterkünfte zunehmend attraktiver. In Djenne, im westafrikanischen Mali, hat sich die Konstruktion von Häusern aus Erde und Lehm zu einem wahren Kunsthandwerk entwickelt. Die Maurer haben eine lange, gründliche Ausbildung zu absolvieren (und zwar in Zünften, wie es auch im Westen seit dem Mittelalter üblich ist). So entstand eines der schönsten und größten noch erhaltenen Lehmbauwerke der Welt – die Große Moschee.

Bautechniken

Die Decken der Häuser werden nach einem ausgeklügelten Plan gefertigt. Die nach bestimmten geometrischen Mustern angeordneten Balken tragen das Dach, so daß die Innenräume frei von Stützseilen bleiben und die Wohnfläche vergrößert wird.

Ein Dach in Holzlehmbauweise ist sehr schwer und muß daher von dicken Mauern abgestützt werden. Das macht jedoch nichts, denn Lehm ist im Überfluß vorhanden, und je dicker die Wände, desto besser die isolierende Wirkung in den Nachtstunden der kälteren Jahreszeit und auch an heißen Sommertagen.

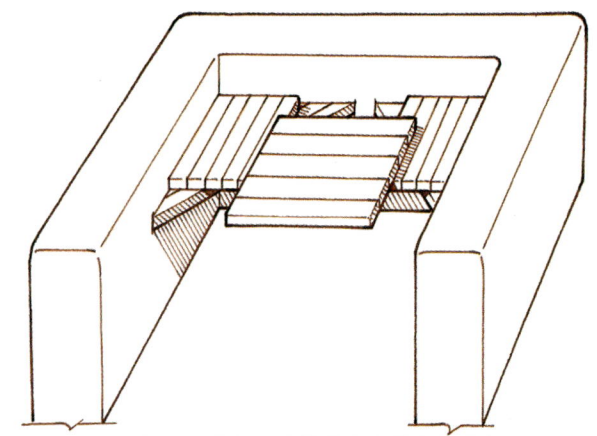

Style Soudonnais

Dieser merkwürdige, dekorative Baustil wird als Sudanesischer Stil oder Style Soudonnais bezeichnet. An den schweren Mauern und den kleinen Fensteröffnungen, die den klimatischen Bedingungen angepaßt sind, könnt Ihr ihn erkennen. Das reich verzierte, organische Äußere wirkt wie aus einem Guß und vermittelt den Eindruck des natürlich Gewachsenen – aber das sind diese Häuser eben.

Regenrinnen

Um den Regen von den Flachdächern abzuleiten, hat man die Mauer rundherum mit Regenrinnen versehen. So wird das Wasser aufgefangen und das Aufweichen der Wand verhindert.

Eine Wand wie Meißelwerk

Im Jahre 1907 war die Moschee vollendet. Manchmal werden die Wände für die Lehmhäuser vorgeformt (in Formen aus gestampfter Erde); aber die Maurer aus Djenne verwenden für ihr Mauerwerk luftgetrocknete Lehmziegel, auch Adobe genannt. Bei zweigeschossigen Häusern beträgt die Wandstärke 60 Zentimeter, bei einstöckigen ist die Wand 40 Zentimeter dick.

Die Ummantelung

Die größte Schwierigkeit besteht darin, daß Lehmhäuser bei Regen fortgeschwemmt werden. Um die Außenmauer wasserfest zu machen, werden Reis- oder Hirseflocken unter den Adobe gemischt.

Die „neue" Technologie

Früher drohten die Häuser unter ihrem eigenen Gewicht zusammenzustürzen, wenn sie eine bestimmte Höhe erreichten.

Die heutigen Konstruktionen aus Eisen und Stahl können dagegen ungehindert nach oben wachsen und enorme Spannweiten überbrücken. Wie Ihr gesehen habt, kam es bereits in der Vergangenheit vor, daß die Stabilität des Mauerwerks durch Metallbewehrungen erhöht wurde. Reine Eisenkonstruktionen gab es jedoch erst im Laufe des 18. Jahrhunderts, als die Eisenerzeugung im Zuge der industriellen Revolution in die Höhe schnellte. Diese „neue" Technologie ließ den Traum der Baumeister, große Spannweiten zu überwinden und immer höher zu bauen, wahr werden. In diesem Kapitel befassen wir uns mit Bauwerken wie dem Eiffelturm, der Golden Gate Bridge und dem Opernhaus in Sydney. Sie alle entstanden aus einer großen Vision heraus, die durch das beginnende Industriezeitalter ihre Erfüllung fand.

Die Iron Bridge

Die industrielle Revolution – damit bezeichnet man eine Entwicklung, die mit der Erfindung der Dampfmaschine und der Einführung von Maschinen in den Produktionsablauf einsetzte und in der westlichen Welt zu tiefgreifenden gesellschaftlichen Veränderungen führte. Alles begann in der englischen Stadt Coalbrookdale, Shropshire, wo das Eisen bereits im 17. Jahrhundert in den Hochöfen schmolz. Die Gußeisenindustrie erlebte einen Aufschwung, der zur Entstehung eines ersten bautechnischen Höhepunktes führte: die eiserne Brücke über den Severn-Fluß. Die Entscheidung, eine Brücke ganz aus Eisen zu bauen, war naheliegend, weil man in Coalbrookdale soeben die ersten Eisenbahngleise der Welt gegossen hatte. Die Iron Bridge führt über eine tiefe Schlucht, die ein einziger hoher Bogen von 30 Meter Spannweite überwinden konnte.

Die Iron Bridge
Die eiserne Brücke wurde sehr rasch zum Lehrbeispiel für die bautechnischen Möglichkeiten des Eisens. Erkennt Ihr die Unterschiede zwischen diesem Brückentyp und den alten Natur- oder Backsteinkonstruktionen?

Die Bogenstreben
Die eisernen Bogenstreben waren 1778 vollendet. Die Öffnung der Brücke und der Brückentore erfolgte im Jahre 1781.

Die Widerlager aus Stein
Die beiden Widerlager für die Brückenzufahrt waren im Jahre 1778 fertiggestellt. Im Juli des folgenden Jahres wurden die beiden Bogenstreben eingesetzt; jede war fast sechs Tonnen schwer.

Verbindungstechniken

Eisen hat eine sehr hohe Zugfestigkeit, so daß dieses zierliche Gitterwerk noch bei großen Spannweiten genügend Stütze bieten kann. Doch auch die herkömmlichen, viel einfacheren Verbindungstechniken finden noch Verwendung. Seht Euch einmal die Abbildungen an: Alles ist aus Holz – Schwalbenschwanz, Nut und Zapfen, die Träger und die Seitenglieder. Diese Technik wurde bei vielen Fachwerkbauten verwendet, auch für die Scheunen und die anderen Holzhäuser, die Ihr ja bereits kennengelernt habt.

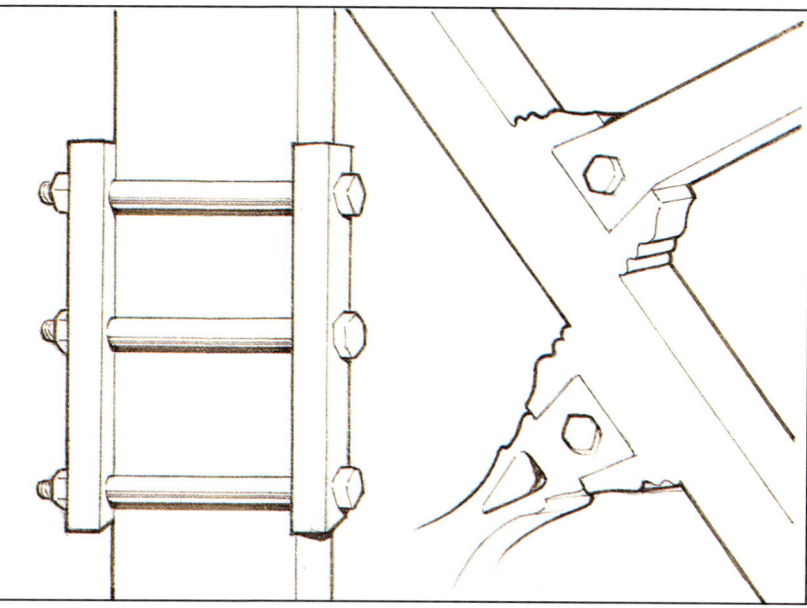

Das Gußeisen

Obwohl diese Brückenkonstruktion zierlicher als eine Steinbrücke wirkt, wurden hier 379 Tonnen Eisen verbaut. Das war weit mehr als notwendig. Die Baumeister werden die enorme Widerstandskraft des Gußeisens unterschätzt haben.

Die Brücke über die Menaistraße

Aber schon damals gab es längere Brücken als die Iron Bridge. Vor allem die Amerikaner hatten binnen weniger Jahre Brücken in Holz- oder Steinbauweise von dreifacher Länge erbaut. Als der britische Ingenieur Thomas Telford die Aufgabe übernahm, eine Brücke über die Menai Straits (Meerenge) in Wales zu ziehen, dachte er zunächst an einen gußeisernen Bogen. Doch wären die beiden Bogenhälften viel zu lang geworden, um sie wie bei der Iron Bridge einfach mit dem Flaschenzug an Ort und Stelle zu hieven. Dann plante Telford, ein Lehrgerüst über den Fluß zu spannen und es an jedem Ufer mit Hilfe von Verankerungskabeln zu befestigen. Zu guter Letzt entschied er sich für einen völlig anderen Brückentyp – die Hängebrücke.

Brunel

Isambard Kingdom Brunel war der größte britische Ingenieur des 19. Jahrhunderts. Er baute Eisenbahnstrecken, Tunnel, Schiffe, Holzbauten, Viadukte und Bogenbrücken aus Backstein und anderem Stein. Zwei Brücken sind besonders bemerkenswert. Bei der Saltash-Eisenbahnbrücke (1853–56) hängt die Brückendecke zwischen zwei mächtigen schmiedeeisernen Röhren mit einem Durchmesser von jeweils über 5 Meter und einer Länge von 140 Meter. Die 1864 vollendete Clifton-Hängebrücke überspannt eine Strecke von 216 Meter. Die Britannia-Hängebrücke über die Menai Straits überquert dagegen nur 177 Meter.

Die beiden Bogenabschnitte

Die beiden langen Abschnitte wurden mit dem Floß in die Mitte des Flusses gefahren und von 150 Männern mit Hilfe von Seilwinden an Ort und Stelle gehievt. In diese Konstruktion wurde an dünnen Eisenstäben ein Holzsteig eingehängt. Die Bauzeit betrug sechseinhalb Jahre. Die Eröffnung war im Jahre 1826.

Die Brückenpfeiler

Beiderseits des Kanals befinden sich je ein Stützbogen aus Stein und ein 45 Meter hoher Brückenpfeiler. Die Spannweite beträgt 177 Meter. Es wurden sechzehn Verankerungskabel benötigt. Jedes Kabel bestand aus einem drei Meter langen Strang von fest miteinander vernieteten Eisenstäben, die durch weitere fünf nebeneinander angeordnete Eisenstäbe stabilisiert wurden.

Die Hängebrücke

In früheren Zeiten überquerte man die Flüsse über primitive Gehsteige, die an Seilen aufgehängt waren. Im 17. Jahrhundert entstanden dauerhaftere Hängebrücken zumindest am Reißbrett. Zu Beginn des 18. Jahrhunderts setzte ein Amerikaner namens James Finley die Theorien in die Praxis um – in sehr bescheidenem Rahmen. Doch Telfords Brücke war schon gar nicht mehr bescheiden.

Der Kristallpalast

Mitte des 19. Jahrhunderts regte Prinz Albert, der Gatte der Königin Victoria, eine Weltausstellung für Industrie und Handwerk an. Als Standort wurde der Londoner Hyde Park vorgesehen. Der offiziell ausgewählte Entwurf für die Ausstellungshalle war jedoch so häßlich, daß er im Sturm der allgemeinen Entrüstung vom Tisch gefegt wurde. Nun war guter Rat teuer, denn bis zur Ausstellungseröffnung am 1. Mai 1851

waren gerade noch 10 Monate Zeit! Binnen einer Woche reichte Ingenieur Joseph Paxton einen neuen Vorschlag ein – ein kolossales, gläsernes Gewächshaus aus vorgefertigten Eisenfachwerkträgern. Das war noch nie dagewesen! In irgendeiner Zeitschrift tauchte dann der Name Kristallpalast auf, der beim Ausstellungskomitee auf Ablehnung stieß, doch in der Öffentlichkeit großen Anklang fand.

Die Fertigteile
Jedes Bauteil wurde abschnittweise in den Fabriken der Stadt Birmingham gefertigt, mit der Eisenbahn nach London befördert und im Hyde Park zusammengesetzt: 3300 Stützpfeiler, über 2000 Stahlträger, viele Tausende von Metern Holzbalken für die Decken- und Fußbodenträger und 27500 Quadratmeter Glasplatten.

Das Strebewerk
All das wurde binnen 22 Wochen zu einem Gebäude von 563 Metern Länge und 125 Meter Breite zusammengebaut. Die Langseiten waren 19 Meter hoch, und in der Mitte befand sich der 33 Meter aufragende Halbkreis des tunnelgewölbten Querhauses, das in seinem Inneren einige mächtige Ulmen beherbergte.

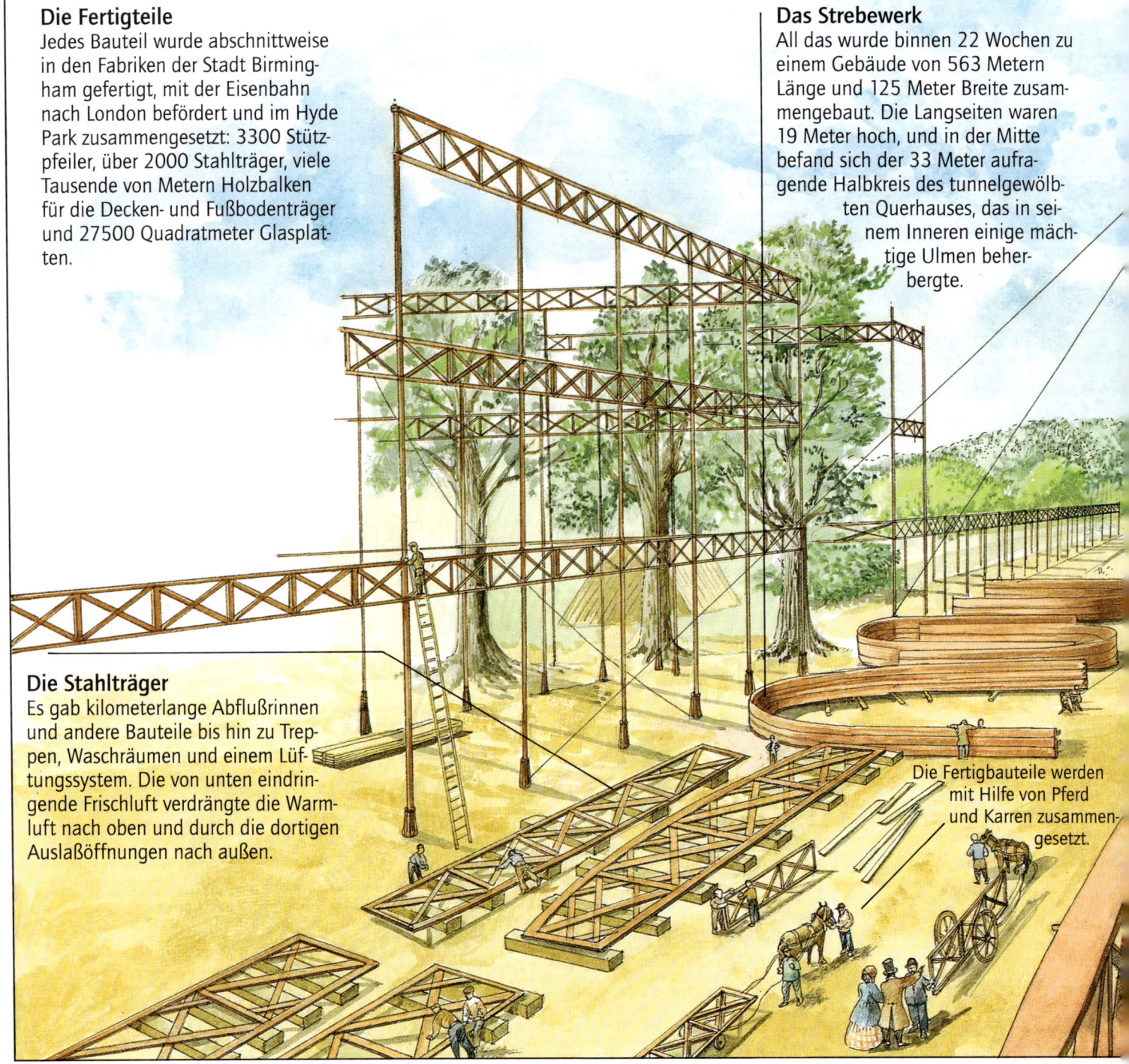

Die Stahlträger
Es gab kilometerlange Abflußrinnen und andere Bauteile bis hin zu Treppen, Waschräumen und einem Lüftungssystem. Die von unten eindringende Frischluft verdrängte die Warmluft nach oben und durch die dortigen Auslaßöffnungen nach außen.

Die Fertigbauteile werden mit Hilfe von Pferd und Karren zusammengesetzt.

Der Kristallpalast

Ursprünglich sollte der Kristallpalast nur sechs Monate vor Ort bleiben. Nach der Weltausstellung erhielt er jedoch einen neuen Standort. In Sydenham, Surrey, wurde er mit einigen Veränderungen und Erweiterungen wieder aufgebaut. In dieser Form diente er als Veranstaltungshalle für Ausstellungen, Konzerte, Feuerwerke und andere Darbietungen, bis er im Jahre 1936 niederbrannte. Heute befindet sich an dieser Stelle nur noch das Gelände, auf dem der Kristallpalast einmal stand.

Das Querhaus

Die Konstruktion bestand aus so feinen und scheinbar zerbrechlichen Bauteilen, daß man zunächst befürchtete, sie werde nicht stabil genug sein. Paxton hatte jedoch eine gute Idee: Er ließ die Bauelemente in unterschiedlicher Stärke und Stabilität anfertigen, so daß sie genau auf die jeweilige Beanspruchung von Druck und Zug abgestimmt waren.

Die »Galerie des Machines«

Bis in die Mitte des 19. Jahrhunderts hinein war das römische Pantheon noch von einer der weltweit größten Kuppeln gekrönt. Durch die Eigenschaften der modernen Werkstoffe Eisen und Stahl konnten die Baumeister die herkömmlichen Bauweisen jedoch weit hinter sich lassen. Im Jahre 1869 gelang mit dem Bau der Bahnhofshalle von St. Pancras eine bisher einzigartige Leistung: die Überwölbung einer Spannweite von 73 Meter. Aber schon 20 Jahre später wurde die schmiedeeiserne Bogenkonstruktion durch einen noch kühneren Stahlbau übertroffen: die Galerie des Machines als Halle für die Pariser Weltausstellung 1889. Die Eisen- und Kohlenstoffverbindung Stahl ist weitaus härter und belastbarer als Guß- oder Schmiedeeisen und daher auch als Bauwerkstoff viel besser geeignet. So konnten die Stahlfachwerkträger der Galerie des Machines eine Entfernung von 114 Metern überspannen.

Bolzenverbindungen
Die beiden Bogenhälften wurden durch Bolzen verbunden, um dem Ganzen einen gewissen Bewegungsspielraum zu ermöglichen. Das war deshalb notwendig, weil Metall sich unter bestimmten Bedingungen ausdehnt oder zusammenschrumpft und weil auch der Baugrund leichten Erschütterungen ausgesetzt ist.

Die Fußstützen
Die Bogenkonstruktion der Galerie des Machines hat noch zwei andere Bolzenverbindungen, die sich unter den so zerbrechlich wirkenden dreieckigen Fußstützen verbergen. Sie verbinden die Füße mit dem Fundament aus Massenbeton, das den Außenschub des Gewölbes ausgleichen soll.

Die Bogenstreben
Die Bogenstreben des St.-Pancras-Bahnhofs waren durchgehend gebaut und ruhten auf massiven Steinpfeilern. Bei der späteren, erweiterten Konstruktion werden die beiden Bogenhälften oben durch Bolzenverbindungen zusammengehalten.

Bahnhof St. Pancras
Um den Seitenschub des Gewölbes abzufangen, wurden die Fußstützen unsichtbar miteinander unter den Eisenbahngleisen verbunden. Die St.-Pancras-Bahnhofshalle kann heute noch in London besichtigt werden. Die aber technisch viel bemerkenswertere und modernere Galerie des Machines – das erste Bauwerk mit Dreibolzenverbindungen – wurde im Jahre 1910 leider zerstört.

Die »Galerie des Machines«

Die Pariser Maschinenhalle stellte eine völlig neue Bauweise vor. Die Wände waren aus Glas, die man außen am Stahlfachwerk befestigte. Diese Bauweise ist noch heute verbreitet. Bei dem anderen großen gläsernen Bau, dem Kristallpalast, war das Glas in das eiserne Rahmenwerk eingelassen.

Bolzenverbindungen

Der Stahl

Stahl besteht aus Eisen, das durch die Verbindung mit winzigen Mengen Kohlenstoffs zu einem sehr harten Werkstoff wird. Manchmal werden dem Stahl durch beigefügte Zusatzstoffe bestimmte Eigenschaften verliehen wie Härte, Langlebigkeit und Korrosionsbeständigkeit. Erst im Laufe des 19. Jahrhunderts konnte genug Stahl erzeugt werden, um fortan auch reine Stahlkonstruktionen ins Auge zu fassen.

Die Forth Rail Bridge

Eisenbahnbrücken über große Spannweiten zu bauen, das war für die Ingenieure des 19. Jahrhunderts eine neue, gewaltige Herausforderung. Ein langer, schwerer Eilzug beanspruchte die Brücke natürlich weit mehr als eine Pferdekutsche oder ein paar Fußgänger.
Noch Telfords Hängebrücke über die Menai Straits *(Seite 86/87)* hatte nur eine simple Fahrbahn zu tragen. Aber schon Ingenieur Robert

Stephenson, der eine ganze Eisenbahn über diesen Kanal zu führen hatte, ließ sie durch mächtige eiserne Röhren fahren.
Um Schottland an das wachsende Eisenbahnverkehrsnetz anzubinden, waren zwei breite Flußmündungen zu überqueren, der Firth of Tay und der Firth of Forth. Zuerst wurde der Tay mit 85 einfachen Fachwerkträgern auf steinernen Stützpfeilern überspannt.

Stahlverbrauch

Für die Tay-Brücke wurden rund 4000 bis 5000 Tonnen Eisen verbraucht; und insgesamt 58000 Tonnen benötigte die Forth-Brücke an Stahl. Gemauerte Backsteinpfeiler, deren Länge das Dreifache der Wassertiefe betrugen, kamen nicht in Frage. Glücklicherweise hatte der Fluß in der Mitte eine Insel, die als Verankerungsklotz dienen konnte.

Die Caissons

Zunächst wurden drei riesige Caissons oder Senkkästen 27 Meter tief in den Fluß versenkt und mit Beton gefüllt. Das ergab den Baugrund für die Türme. Dann kamen die Stützpfeiler an die Reihe, und anschließend wurden die vorkragenden Brückenhälften Stück für Stück über den Fluß gezogen und in der Mitte miteinander verbunden.

Die Stahlrohre

Der weite Rohrabstand war eine Sicherheitsmaßnahme, um die Konstruktion gegen die Kraft der heftigen Winde zu schützen. Ebenfalls um die Druckkräfte auszugleichen, ließ man alle tragenden Bauteile aus Stahlrohr anfertigen (der größte Durchmesser beträgt 4 Meter – Platz genug für eine ganze Eisenbahn!).

Die Stützpfeiler

Für die Brücke über den Forth entwarf der Ingenieur Benjamin Baker eine sogenannte Auslegerbrücke. Diese größte Brücke der Welt sollte zwei freie Strecken von jeweils 520 Meter überqueren; das erforderte drei kolossale Stahlfachwerkträger, die 411 Meter lang, 100 Meter hoch und an der Basis 37 Meter breit waren.

Der freitragende Vorbau

Diese Bauweise besteht darin, daß ein starrer, gut abgestützter Arm nach vorne in den freien Raum hineinragt. Angewandt auf die Technik des Brückenbaus – die Forth-Brücke ist das beste und berühmteste Beispiel dafür – kragen starr und fest verankerte Fachwerkpfeiler freitragend in den zu überbrückenden Raum hinein.

Die Brücke über den Forth

Seit ihrer Vollendung im Jahre 1889 wird die Forth-Brücke unaufhörlich mit Schutzfarbe bestrichen. Sobald die Maler nämlich auf der einen Seite fertig sind, wartet die andere schon auf den nächsten Anstrich, und alles beginnt von vorn. Die Konstruktion selbst ist jedoch so beständig wie am ersten Tag.

Die Brücke über den Tay

Die Verbindung zwischen den 13 mittleren und den übrigen Stahlträgern war so schlecht, daß die Tay-Brücke in einer stürmischen Nacht am 29. Dezember 1879 zusammenbrach und dabei einen ganzen Postzug mit in die Tiefe riß. Alle 75 Reisenden kamen ums Leben. Bei der Forth-Brücke war man bemüht, die Einsturzgefahr von vornherein auszuschließen.

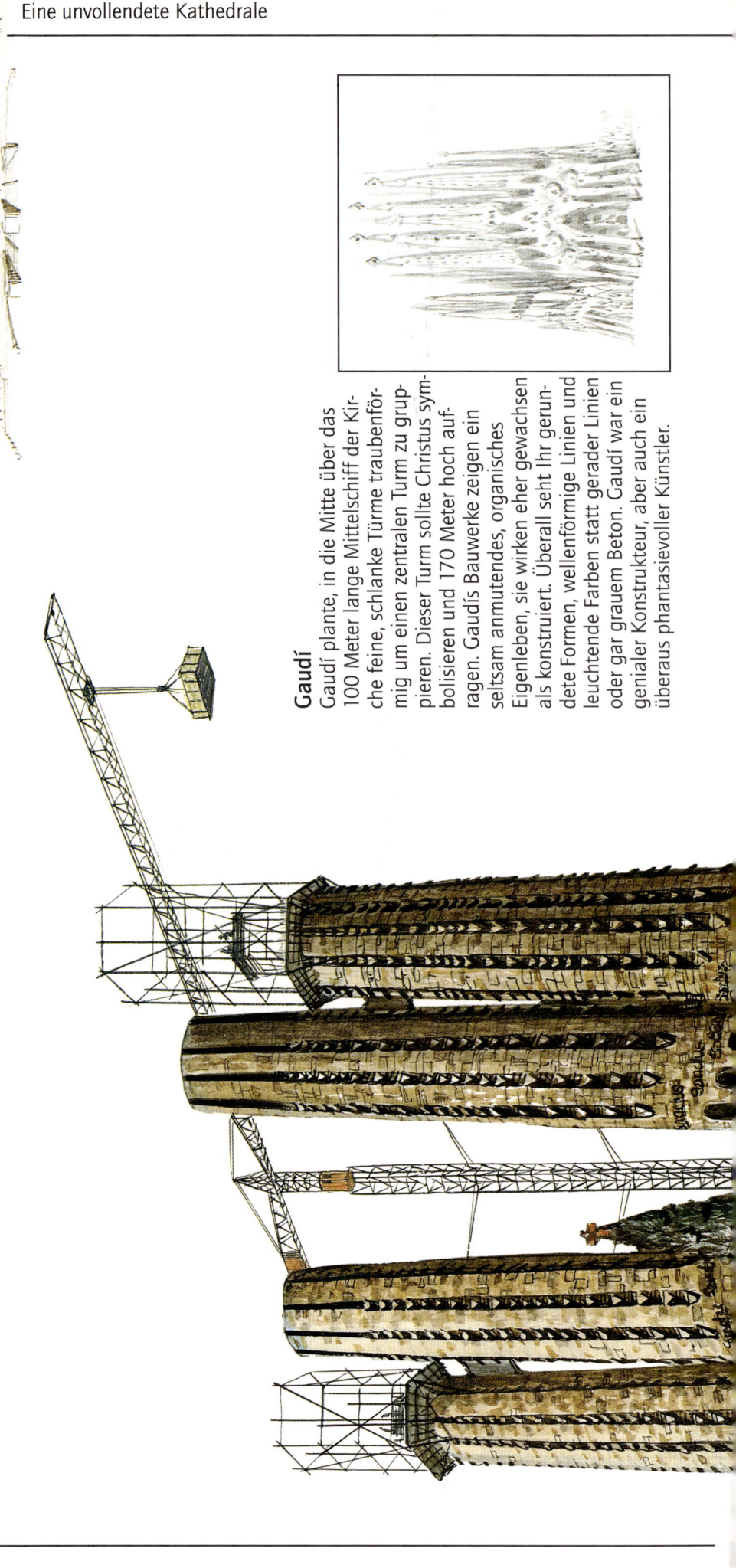

Die Sagrada Familia

Seit mehr als 100 Jahren wird in der spanischen Stadt Barcelona an einer monumentalen Kathedrale gebaut. Bis heute ist nicht einmal die Hälfte davon fertiggestellt. Daß sie überhaupt noch im Bau ist, läßt sich mit der Würdigung eines außergewöhnlichen Baumeisters und seiner verblüffenden architektonischen Formensprache erklären. Antoni Gaudís Meisterwerk, die Kirche der Heiligen Familie (Sagrada Familia), hat mit den gotischen Kathedralen des Mittelalters weitaus mehr gemein als andere, direktere Nachahmungen unserer Zeit. Bis zu seinem Todesjahr 1926 entwickelte Gaudí den 1884 begonnenen Bauplan ständig weiter. Die Fortführung dieses Vorhabens ist ein Glaubensakt der nachfolgenden Generationen.

Gaudí

Gaudí plante, in die Mitte über das 100 Meter lange Mittelschiff der Kirche feine, schlanke Türme traubenförmig um einen zentralen Turm zu gruppieren. Dieser Turm sollte Christus symbolisieren und 170 Meter hoch aufragen. Gaudís Bauwerke zeigen ein seltsam anmutendes, organisches Eigenleben, sie wirken eher gewachsen als konstruiert. Überall seht Ihr gerundete Formen, wellenförmige Linien und leuchtende Farben statt gerader Linien oder gar grauem Beton. Gaudí war ein genialer Konstrukteur, aber auch ein überaus phantasievoller Künstler.

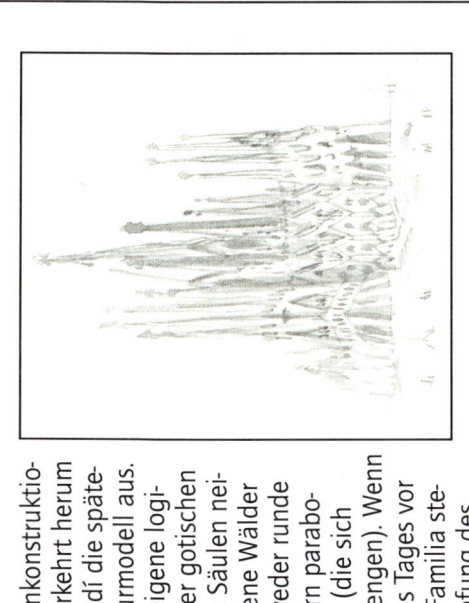

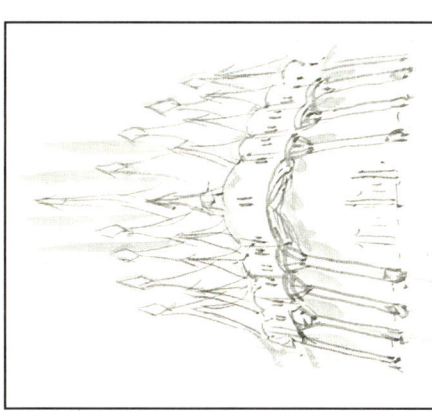

Mit Hilfe von Hängekettenkonstruktionen, die seine Bauteile verkehrt herum darstellten, probierte Gaudí die späteren Formen am Architekturmodell aus. So verwirklichte er seine eigene logische Weiterentwicklung der gotischen Bauweise: Hohe, schlanke Säulen neigen sich innen und stützen weder runde noch spitze Bögen, sondern parabolisch zulaufende Gewölbe (die sich nach oben hin stärker verengen). Wenn unsere Nachkommen eines Tages vor der vollendeten Sagrada Familia stehen, werden sie die Schöpfung des phantasievollsten und getreuesten Nachfahren des unbekannten Genies von Chartres bewundern.

Die Fassaden

Gaudí wollte eine Kathedrale mit drei Fassaden, die jeweils von vier 100 Meter hohen Türmen überragt werden. Die Türme versinnbildlichten die 12 Apostel. Als Gaudí starb, war nur eine Fassade fertiggestellt. Die gegenüberliegende konnte erst 1985 beendet werden.

Die Entwürfe

Gaudí war der originellste Konstrukteur einer kurzlebigen, aber ungemein phantasiereichen Stilrichtung – des Art Nouveau. Dieser Stil war übrigens eher in Form von Buchillustrationen als in der Architektur zu finden. Als typisches Stilmerkmal gelten die fließenden, wellenförmigen Linien, die pflanzlichen Formen nachempfunden waren.

Die frühen Wolkenkratzer

Gewöhnlich verstehen wir unter Wolkenkratzern vielgeschossige Hochbauten, in denen Menschen wohnen und arbeiten. Ohne die Entwicklung neuer Fertigungsmethoden hätten solche Gebäude jedoch nie entstehen können. Erinnert Ihr Euch noch an den Kristallpalast, der seine Stabilität einem besonders festen Tragwerk zu verdanken hatte?
Warum also nicht einfach ein stabiles Stahlskelett Stockwerk für Stockwerk hochziehen und

dann Decken und Wände darin einpassen? Dieses Prinzip wurde 1860 durch den Bau einer Lagerhalle für Kriegsboote (Naval Boat Store) in der englischen Stadt Sheerness, Kent, in entscheidender Weise weiterentwickelt. Im Gegensatz zum Kristallpalast wurde hier auf Kreuzverstrebungen verzichtet, damit die Boote ungehindert ein- und ausfahren konnten. Dafür mußten jedoch die Verbindungen zwischen den Stahlträgern um so stabiler sein.

Frühe Skelettkonstruktionen

Wolkenkratzer in Skelettbauweise überflügelten sehr bald alle anderen Gebäude, die noch durch Mauerwerk gestützt wurden (das höchste war das Pulitzer Building in New York, das für seine 14 Stockwerke an der Basis ein drei Meter dickes Gemäuer benötigte).

Der erste Wolkenkratzer

Der erste echte Wolkenkratzer der Welt war das Home Insurance Building in Chicago (1885) mit nur zehn Stockwerken. Es hatte freitragende Backsteinwände, doch die Stockwerke wurden von einem Eisen- und Stahlskelett getragen. Unmittelbar danach entstand das Tacoma Building, ebenfalls in Chicago – es war höher als das Home Insurance Building, und das Skelett trug fast die volle Last mitsamt den Backsteinmauern.

Warum Wolkenkratzer?

1875 hatte ein Großbrand Chicago verwüstet, und der nachfolgende Bauboom trieb die Grundstückspreise hoch. So erschien das Bauen nach oben als die bestmögliche Lösung. William LeBaron Jenney entwickelte das Hochbau-Stahlskelett, das die Entstehung noch höherer und mit Liften und Fensterfronten ausgestatteter Bauten ermöglichte.

Die Bootshalle von Sheerness

Die Lagerhalle besteht aus vier Meter hohen gußeisernen Pfeilern, die sieben Meter lange schmiedeeiserne Balken und vier Meter lange gußeiserne Querbalken tragen. Alle Teile haben einen I- oder H-förmigen Querschnitt und sind über die Gelenkplatten an den Anschlußstellen miteinander zu

einem hochstabilen Tragwerk verbunden. Höchstwahrscheinlich war diese Kriegsboot-Lagerhalle in Sheerness das erste vielgeschossige Gebäude der Welt mit einem Tragwerk aus Stahl und ist deshalb als direkte Vorläuferin des modernen Wolkenkratzers zu sehen.

Die Schule von Chicago

Das 1892 vollendete Masonic Building in Chicago mit 21 Stockwerken war der bisher höchste Wolkenkratzer. Doch um die Jahrhundertwende lief ihm das New Yorker Park Row Building mit seinen 36 Stockwerken diesen Rang ab.

Das Empire State Building

Die Wolkenkratzer wuchsen immer höher: Singer Building – 47 Stockwerke, 187 Meter hoch; Woolworth Building – 60 Stockwerke, 227 Meter hoch; Bank of Manhattan – 71 Stockwerke, 282 Meter hoch; Chrysler Building – 72 Stockwerke, 314 Meter hoch. Schon war der Eiffelturm überflügelt. Der berühmteste all dieser Hochbauten stand aber noch aus: das Empire State Building in New York, das als Schauplatz der Vernichtung

von Hollywoods Monster King Kong Filmgeschichte machte. Der erste Schritt war das Ausbaggern des Fundaments. Für einen Schacht von 17 Metern Tiefe mußten über 20000 Kubikmeter Gestein und Erdreich entfernt werden. Gleichzeitig wurde ein zügig und kontinuierlich funktionierendes Anlieferungssystem für die ungeheuren Mengen der I- und H-Stahlprofilträger aufgebaut.

Fundamente

Bei Hochbauten muß das Fundament erstens dem ungeheuren Gewicht standhalten können, und zweitens muß es verhindern, daß der ganze gigantische Bau in den Grund versinkt. Wenn hartes Felsgestein vorhanden ist, werden Stützpfähle in den Untergrund getrieben, um die Last des Gebäudes aufzunehmen.

Schwimmendes Fundament

Mantelpfähle

Pfeiler mit Fußplatten

Tragpfähle

Erster Bauabschnitt

Nach der Aushebung des Fundaments wurde das Stahlskelett hochgezogen. Neun Derrick-Kräne und elektrische Lastenaufzüge beförderten die Bauteile über das zügig wachsende Gebäudeskelett, um sie an der höchsten Stelle einzusetzen.

Das Stahlskelett

Während in den oberen Bereichen die Stahlträger miteinander verschraubt und verschweißt wurden, gossen in den unteren Etagen ganze Hundertschaften von Arbeitern den Beton, setzten die Fenster ein, machten die Kalksteinverkleidungen, vermauerten die Backsteine, installierten die Lifte...Innerhalb von zehn Tagen schnellte das Gebäude um 14 Stockwerke höher.

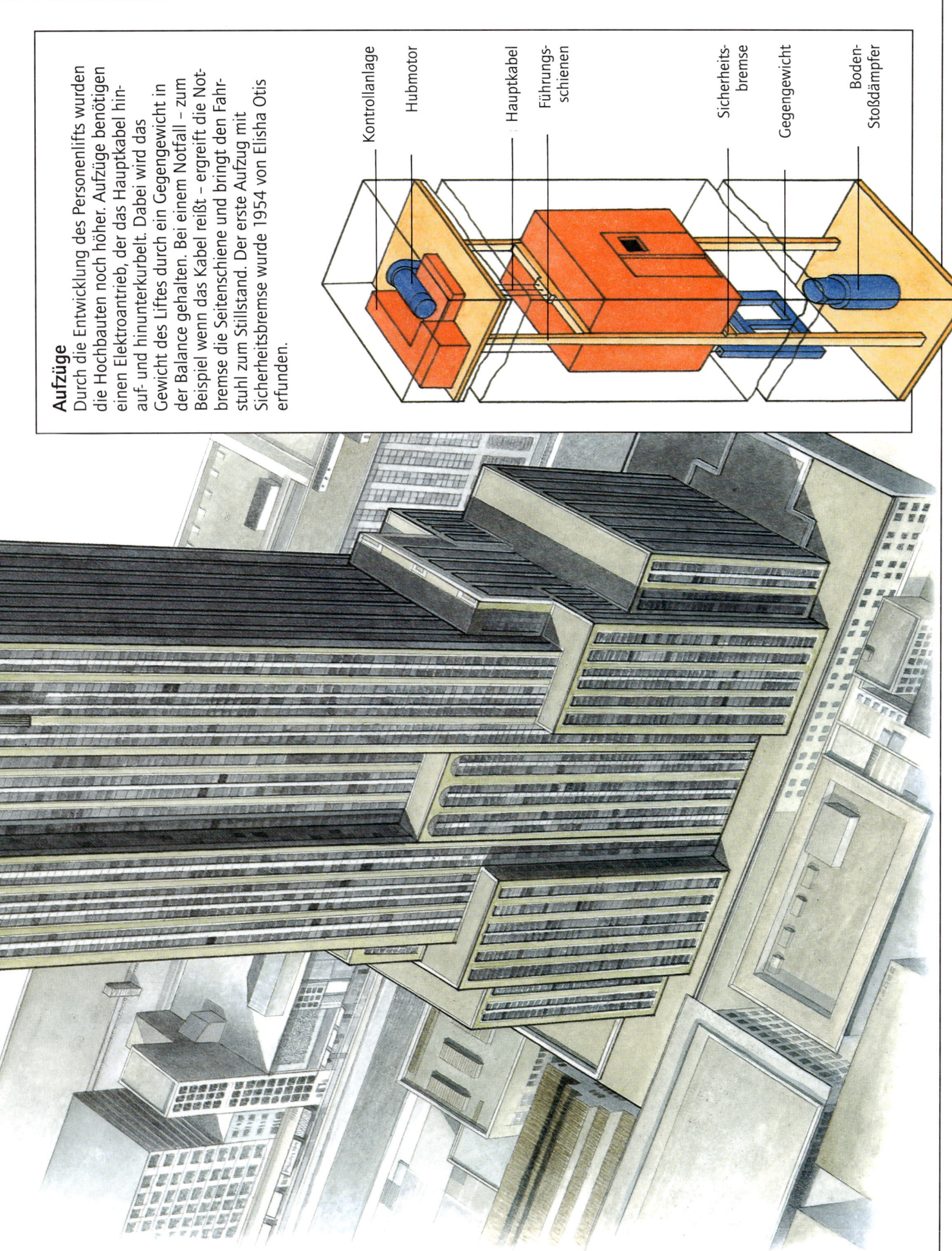

Kontrollanlage

Hubmotor

Hauptkabel

Führungs-
schienen

Sicherheits-
bremse

Gegengewicht

Boden-
Stoßdämpfer

Aufzüge

Durch die Entwicklung des Personenlifts wurden die Hochbauten noch höher. Aufzüge benötigen einen Elektroantrieb, der das Hauptkabel hinauf- und hinunterkurbelt. Dabei wird das Gewicht des Liftes durch ein Gegengewicht in der Balance gehalten. Bei einem Notfall – zum Beispiel wenn das Kabel reißt – ergreift die Notbremse die Seitenschiene und bringt den Fahrstuhl zum Stillstand. Der erste Aufzug mit Sicherheitsbremse wurde 1954 von Elisha Otis erfunden.

Hoover-Staudamm

Der Hoover-Staudamm

Seit jeher haben die Menschen versucht, durch das Aufstauen von Flüssen Wasser zu speichern. Seit dem 20. Jahrhundert wird Wasser zudem zur Stromerzeugung benötigt. Ab 1902 wurde das amerikanische Amt für Bodenerschließung (Bureau of Reclamation) durch die Anlage wasserbetriebener Stromgeneratoren zum größten Staudamm-Erbauer der Welt. Ende der zwanziger Jahre nahm das Amt sein weitaus wichtigstes Projekt in Angriff: die Stauung des Colorado-Flusses im Black Canyon, 40 Kilometer von Las Vegas entfernt. So entstand der Boulder-Staudamm, der später den Namen Hoover-Staudamm erhielt. Sein Fassungsvermögen ist größer als alle anderen 50 Dämme zusammen, die das Amt bis dahin gebaut hatte.

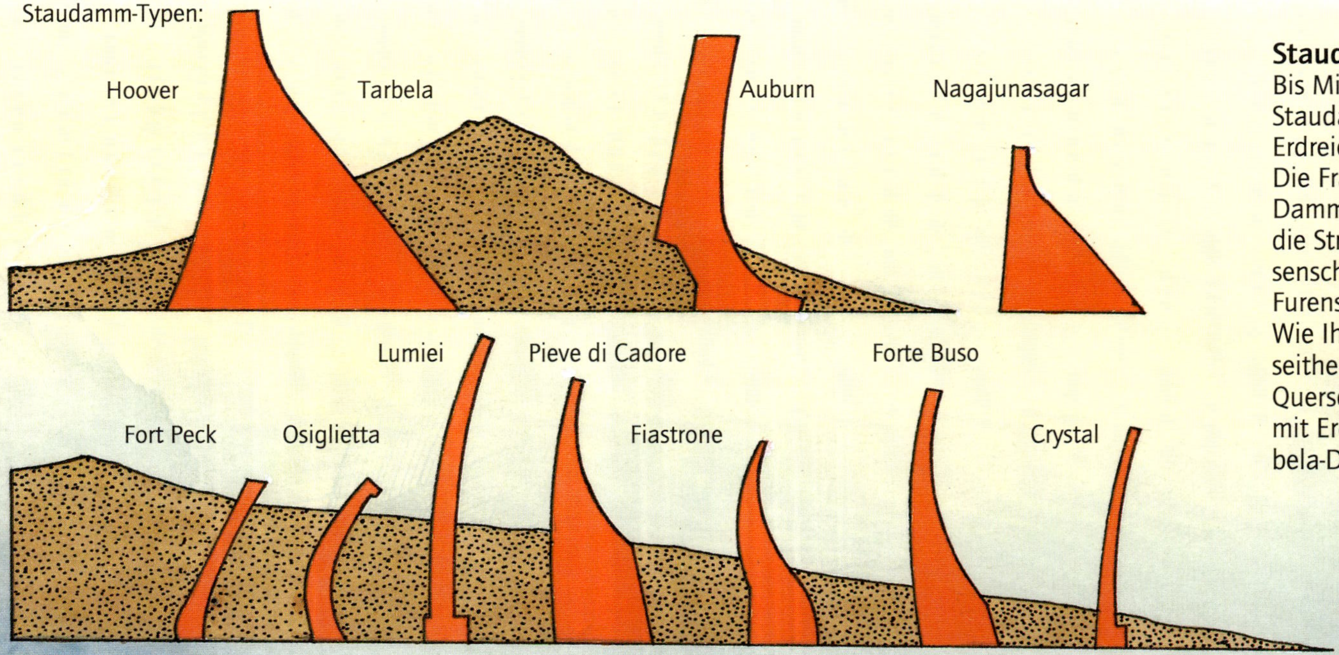

Staudamm-Typen

Bis Mitte des 19. Jahrhunderts bestanden die Staudämme meist aus zusammengepreßtem Erdreich, das aber nicht immer ganz dicht war. Die Franzosen entwickelten erstmals einen Damm, der sich konvex, also nach außen gegen die Strömung des Wassers wölbte. Der erste wissenschaftlich fundierte Staudamm war der Furens-Damm von Saint Etienne im Jahre 1866. Wie Ihr in dem Diagramm sehen könnt, sind seither Dämme von recht unterschiedlichem Querschnitt entstanden. Am größten sind die mit Erdreich gefüllten Talsperren wie der Tarbela-Damm.

Staudamm-Typen:

Hoover

Tarbela

Nagajunasagar

Auburn

Forte Buso

Pieve di Cadore

Fiastrone

Crystal

Lumiei

Osiglietta

Fort Peck

Der Plan des Staudammes

Der Hoover-Staudamm besteht aus einer Bogenstaumauer. Der Dammbogen wölbt sich in den künstlich entstandenen See hinein, so daß der Druck der Wassermassen den Beton an die Felswand drückt.

Ableitungsstollen

Die Staumauer

An der Basis des Hoover-Staudammes entstand ein U-förmiges Elektrizitätswerk von 122 Meter Länge. Hinter dem Damm stauten sich die Wassermassen zu einem See. Der war 185 Kilometer lang und an seiner breitesten Stelle 13 Kilometer breit. Die 17 riesigen Generatoren des Kraftwerks erzeugen 1,3 Millionen Kilowatt Strom.

L'Unité d'habitation

In den zwanziger und dreißiger Jahren entwickelten einige Architekten die Stahlbetonbauweise in eine Richtung, die als die „Modernistische Bewegung" bezeichnet wird.
Ihr berühmtester Vertreter war ein Schweizer namens Le Corbusier.
Seine neuen Bauprinzipien faßte er zusammen in der Schrift „Fünf Punkte zu einer neuen Architektur": 1. Ein Gebäude ruht auf freitragenden Stützpfählen – den sogenannten „pilotis".
2. Die räumliche Gliederung der einzelnen Stockwerke wird frei gestaltet.
3. Die Fassade wird ebenfalls frei gestaltet und darf keine tragende Funktion übernehmen.
4. Die breiten Fenster sind in langen waagerechten Bändern in die Fassade eingepaßt.
5. Das Haus hat ein Flachdach mit Dachgarten.
Das alles war in der Wohnmaschine verwirklicht

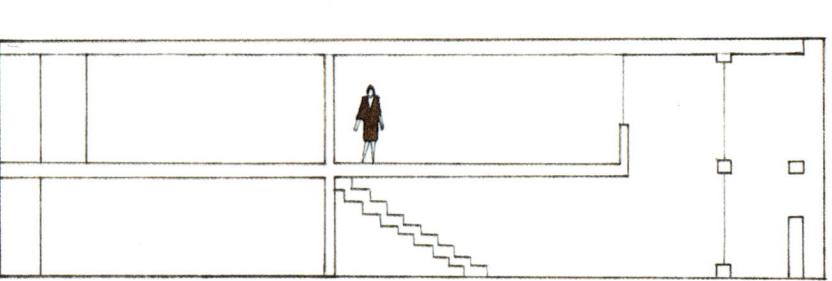

In der „Wohneinheit"
Die Wohnungen haben im allgemeinen einen L-förmigen Querschnitt, so daß sie fast immer über zwei Stockwerke reichen. Jedes dritte Stockwerk wird von einer hausinternen Straße durchquert. Auf halber Höhe des Gebäudes befindet sich eine Ladenstraße, und auf dem Dach gibt es eine Aschenbahn, eine Sporthalle, einen Kinderhort, ein Planschbecken und andere Anlagen.

Villa Savoye
Eines der berühmtesten Häuser des Architekten Le Corbusier ist die Villa Savoye bei Paris, die alle fünf Punkte seines Programms in sich vereinigt. Wie viele davon könnt Ihr denn von außen erkennen?

Piloten

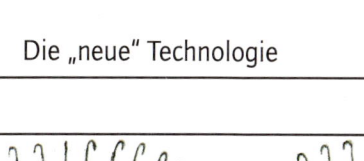

Der Beton

Der moderne Beton ist ein sorgfältig zusammengestelltes Gemisch aus Wasser, Sand, Zement und einem gröberen Zuschlagstoff (zum Beispiel Kies), das in alle nur vorstellbaren Formen gegossen wird. Der heute als Baustoff verwendete Beton ist fast immer Stahlbeton: In den noch flüssigen Beton werden Stahlstäbe eingelegt, die ihn widerstandsfähiger machen.

Die Modernistische Bewegung

Die Architekten der Modernistischen Bewegung waren von der Bauweise amerikanischer Wolkenkratzer inspiriert, während die typisch modernistischen Elemente wiederum die amerikanische Architektur bereicherten. In den zwanziger Jahren entstanden einige „Wohnmaschinen", die Le Corbusier für seine wohlhabenden Pariser Auftraggeber entwarf. Nach dem Zweiten Weltkrieg erhielt er die Gelegenheit, eine weit größere „Wohnmaschine" zu bauen: einen Wohnblock mit 18 Stockwerken in Marseille – die sogenannte Unité d'habitation.

Die „pilotis"

Das Stahlbetonskelett der Unité ruht auf den schweren Pilcten – ebenfalls aus Stahlbeton – und enthält 337 anderthalbgeschossige Wohnungen, angefangen bei kleineren Unterkünften für zwei Personen bis hin zu geräumigen Wohnungen, in denen ganze Familien leben. Das Besondere besteht darin, daß die 1500köpfige Hausgemeinschaft über hauseigene soziale Einrichtungen verfügt – eine interne Einkaufsstraße, ein Hotel, ein Restaurant, ein Schwimmbad, ein Kindergarten und eine Grundschule auf dem Dach.

Das Opernhaus von Sydney

1957 gewann der junge dänische Architekt Jörn Utzon den Wettbewerb für ein neues Kunstzentrum in Sydney, Australien. Das dafür vorgesehene Gelände war Bennelong Point, ein Felsvorsprung im Hafen von Sydney. Utzons Entwurf zeigt eine fantastische Anordnung sich wie im Winde blähender Segel aus Beton, die eine Konzerthalle und ein Opernhaus umschließen. In den 16 folgenden Jahren versuchten Ingenieure und

Bauunternehmer der Vision des Architekten Gestalt zu verleihen. Die Arbeit begann zügig, und während die gesamte Fläche von Bennelong Point einen massiven Grundsockel aus Beton erhielt, wurden die Baupläne für die Muscheldächer entwickelt. Genau die Form, die Utzon ihnen geben wollte, war nicht realisierbar, doch nach einigen Veränderungen konnte das Projekt verwirklicht werden.

Die großen Glaswände werden von Stahlpfosten gestützt und reichen bis zum Bogendach hinauf. Querverlaufende Bronzestäbe halten die einzelnen Scheiben in Position. Es gibt mehr als 2 000 Scheiben, und alle sind durch Kunststoff verbundene Doppelscheiben. Das fängt die Außengeräusche ab und verringert die Gefahr, daß die Glasscheiben nach innen gedrückt werden.

Die Konstruktion
Der ursprüngliche Entwurf war zu kompliziert. Um die Bauweise zu vereinfachen, wurden die muschelförmigen Dächer schließlich aus vorgefertigten Betonrippen mit ein und demselben Radius erstellt und mit Hilfe von Klebstoff und Stahlstäben fest zusammengefügt.

Der Konzertsaal

Fliesenverkleidung

Das Opernhaus von Sydney

Die großen Muscheldächer des Opernhauses überdecken insgesamt fünf Säle: für Opern, Konzerte, Theateraufführungen, Kammermusik und Ausstellungen. Obwohl das Opernhaus alle Teile umfaßt, ist der eigentliche Opernsaal aber kleiner als der Konzertsaal, so daß die Aufführung von Opern großen Stils nicht möglich ist.

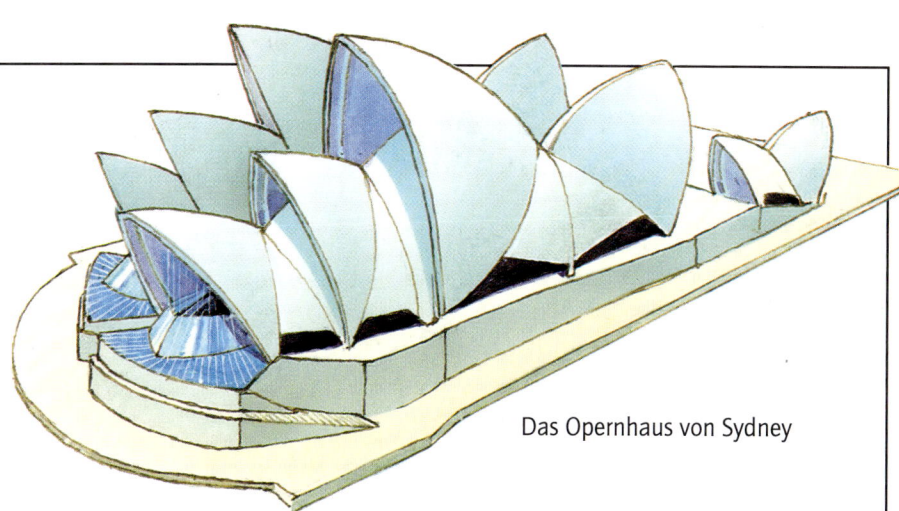

Das Opernhaus von Sydney

Die Dachverkleidung

Die strahlendweiße Verkleidung der Muscheldächer besteht aus über einer Million Keramikfliesen in Musikkassetten-Größe. Sie wurden in Lagen von elf mal zwei Meter zusammengesetzt und dann mit dem Dach verschraubt.

Die Oper

Eingefügte Fertigteile

Die Bauzeit

Der Bau des Opernhauses begann 1959 und endete 1973. Die ursprünglich auf 7 Millionen australische Dollar veranschlagten Kosten betrugen am Ende fast 102 Millionen australische Dollar.

Die Fertigteile

Die gesamte Bedachung besteht aus Betonrippen, die auf dem Baugelände hergestellt wurden. Sie sind nach innen gewölbt und an den Nahtstellen durch Beton miteinander verbunden. Insgesamt waren 2194 Stück davon notwendig.

Die Turmdrehkräne

Die weit aufragenden Turmdrehkräne reichen bis an die Spitze hoher Bauten. Zu diesem Zweck fährt das Führerhaus mit Hilfe einer hydraulischen Hebevorrichtung nach oben. Das Bauelement wird auf der gewünschten Höhe eingesetzt, und alles beginnt von vorn.

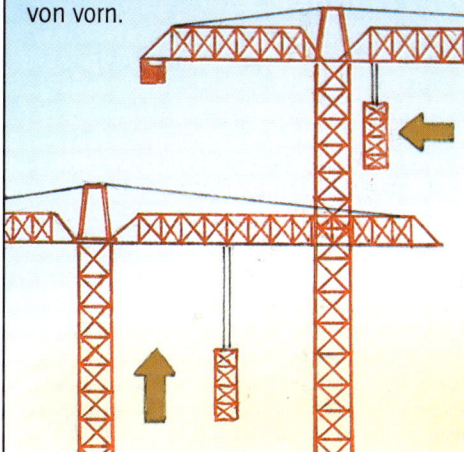

Die Segel

Es sieht so aus, als seien die gigantischen weißen Segel jeweils nur an zwei Punkten gestützt. Damit sie nicht einstürzen, sind sie mit den unterhalb aufragenden kleinen Muscheldächern verbunden und dadurch an vier Ecken gestützt.

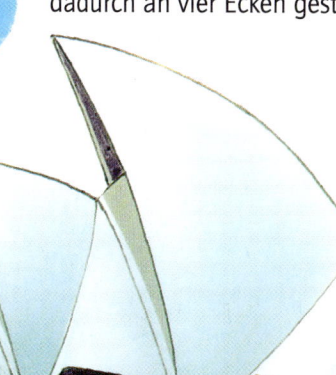

Das Habitat 67 von Montreal

Im 20. Jahrhundert ist die Verwendung von Stahlbeton-Fertigteilen weit verbreitet. Vor allem nach dem Zweiten Weltkrieg (1939–1945) entstanden weltweit Wohnungsbauprojekte, bei denen vorgefertigte Bauteile wie Mauern, Böden und Dächer nach unterschiedlichem System zu Appartementblöcken zusammengebaut wurden (daher die Bezeichnung „Systembau"). Viele dieser Hochhäuser werden heute als häßlich und unmenschlich abgetan, doch das gilt nicht für alle. Manche sind nur schlecht konzipiert.

Zu den einfallsreichsten Beispielen gehört das sogenannte Habitat in Montreal, Kanada. Der Architekt Moshe Safdie hat es für die Weltausstellung 1967 in Montreal entworfen.

Die Montage

Die Größe der Grund-Wohneinheit war auf 5,3 mal 11,7 Meter festgesetzt und entsprach damit einem Einzimmer-Wohnhäuschen. Sie konnte jedoch auch ein Viertel oder die Hälfte größerer Wohneinheiten betragen. Aussparungen für Türen und Fenster waren vorhanden. Diese jeweils 70 Tonnen schweren Baueinheiten wurden wie Dominos in verschiedensten Konfigurationen angeordnet.

Die Vorfertigung

Für jede Wohneinheit wurde ein Stahlgeflecht für Wände und Böden errichtet mit den Öffnungen für Türen und Fenster.

Armierungskäfig vor der Betonummantelung

Das Habitat

Dieses Vorfertigungsverfahren betraf aber nicht nur das Mauerwerk der Wohneinheiten. Auch die Küche und das Badezimmer wurden als vollständige Einheiten komplett mit Zubehör angeliefert. Erinnert Ihr Euch an Le Corbusier, der das moderne Haus als eine „Wohnmaschine" ansah? Demnach ist es nur logisch, daß diese Maschine in einer Fabrik montiert wird.

Der Entwurf

Safdie entwarf nicht nur vorzufertigende Einzelteile, sondern ganze Raumeinheiten. Die kamen komplett auf die Baustelle und wurden dort mit dem Kran in den fantastischen Komplex von Appartements unterschiedlicher Größe und Gestaltung eingesetzt.

Die Gesamtanordnung

Die Verbindung der einzelnen Wohneinheiten erfolgte mit Hilfe vorgespannter Stahlstäbe, die dem Bau den Zusammenhalt geben. Das Verfahren, Beton mit bereits vorgespannten Bewehrungsstäben zu gießen, bezeichnet man als Vorspannen.

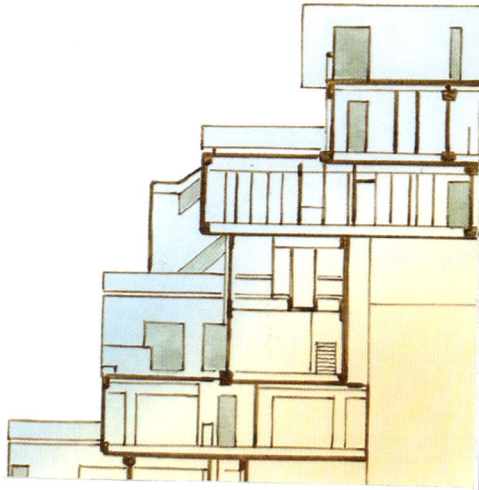

Die Betonierung

Um das Stahlgeflecht wurde eine Gießform gebaut und mit Beton aufgefüllt. Nach dem Trocknen und Härten des Betons wurde die Verschalung wieder entfernt.

Die Badezimmer-Einheiten

Das Durchschnittsbadezimmer des Habitats besteht aus etwa 500 Einzelteilen und stellte eine Einheit aus Preßglas dar, die mit Hilfe eines Krans in die fertige Wohneinheit eingesetzt wurde.

Nach der Betonierung

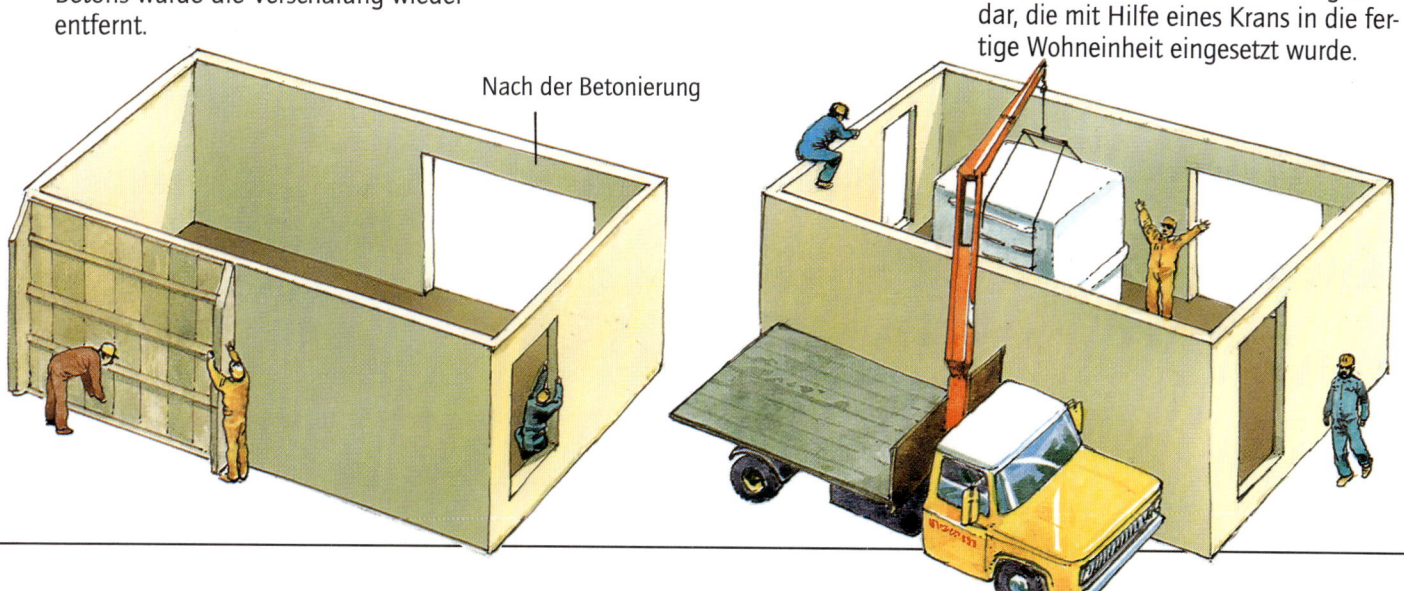

Die Hafenbrücke von Sydney

Bei den ersten Stahlbogenbrücken, zum Beispiel beim Garabit-Viadukt, verlief die Straße über dem Bogen. Der Bogen der Hafenbrücke von Sydney wurde nach einem anderen Prinzip gebaut. Hier wird das Tragwerk für Straße und Eisenbahn nicht von unten gestützt, sondern von oben gehalten. Das Fahrbahndeck hängt an Stahlträgern unter der Brücke, die einen hohen Bogen über dem Hafen beschreibt. Innerhalb von 50 Jahren hatten die Bogenkonstruktionen immer größere Spannweiten erreicht. Aber die Hafenbrücke von Sydney und die ebenfalls in den dreißiger Jahren entstandene Bayonne-Brücke in New York liefen der Entwicklung davon. Ihre Spannweiten waren ja über die Hälfte länger als die bisher erreichten.

Die Verankerungskabel

Wie beim Garabit-Viadukt wurden auch in Sydney die beiden freischwebenden Bogenabschnitte an jedem Ufer von mächtigen Drahtseilen zurückgehalten und konnten durch diese Verankerung in Position gehalten werden, während sie über dem Wasser aufeinanderzustrebten. Die Seile hatten das Gesamtgewicht der Brücke zu tragen, bis die beiden Hälften endgültig geschlossen waren, und mußten daher äußerst sicher in den Ankerblöcken befestigt sein. Die beiden Bogenträger sind die schwersten Stahlteile, die je gebaut wurden.

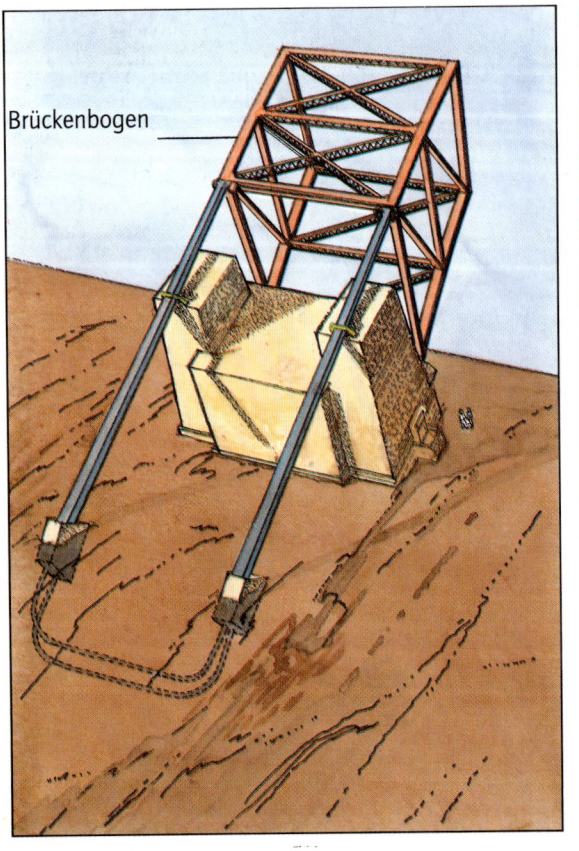

Brückenbogen

Die Bayonne-Brücke

Eine andere stählerne Bogenkonstruktion ist die Bayonne-Brücke. Mit 503,50 Metern ist sie zwar länger, aber nicht so massiv wie die 502,90 Meter überspannende Sydney-Brücke.

Der Brückenbogen

Als die beiden Brückenhälften nur noch einen Meter voneinander entfernt waren, lockerte man die Drahtkabel nach und nach, so daß die Halbbögen zusammengeführt und verbunden werden konnten.

Die Stahlkonstruktion

Die in England gefertigten Einzelteile wurden im Hafengelände in Behelfswerkstätten zu Einheiten zusammengebaut. Die wurden auf den Fluß hinausgebracht und genau an der Stelle positioniert, wo sie in der Bogenhälfte eingesetzt werden sollten. Die vom Ufer über den vorkragenden Bogenabschnitt herangleitenden Kräne hievten die Teile an die gewünschte Stelle.

Die Hafenbrücke von Sydney

Diese mächtige, nahezu 50 Meter breite Brücke kann sage und schreibe eine sechsspurige Fahrstraße samt Gehsteigen und vier Schienensträngen der elektrifizierten Eisenbahn aufnehmen. Noch nie gab es eine breitere Brücke. Mit 72 Lokomotiven von je 7 600 Tonnen Eigengewicht wurde die Brücke auf Konstruktionsfehler getestet.

Die Tragekonstruktion

Nach Beendigung des Brückenbogens fuhren die Kräne langsam zurück und ließen dabei Stück für Stück die Stahlaufhängungen mit den entsprechenden Fahrbahnteilen herunter.

Die Golden Gate Bridge

Ein Brückentyp ging im Laufe des 20. Jahrhunderts im Wettbewerb um die Überquerung wahrhaft enormer Spannweiten mit Abstand als Sieger hervor, und zwar die Hängebrücke. Noch um die Jahrhundertwende galten die beiden vorkragenden Träger der Forth Bridge in Schottland als die längsten Brückenarme der Welt. Erst im Jahre 1917 mußten sie diesen Rang an die nur wenig längere Quebec Bridge abtreten.

Im Jahre 1929 folgte eine Hängebrücke, die Detroit's Ambassador Bridge. Und nur zwei Jahre später konnte die George Washington Bridge diesen neuen Rekord auf einen Schlag auf eine Länge von 1067 Metern verdoppeln. Aber 1937 wurde auch diese Brücke überrundet: Die San Francisco Golden Gate hat eine Länge von 1 280 Metern und war fast 30 Jahre lang die längste Brücke der Welt.

Der Turmbau
Die Bauzeit betrug zwei Jahre. Über eine Behelfsbrücke gelangten Menschen und Material vom Flußufer auf die Baustelle. Nachdem die Brückenpfeiler fertig waren, konnte man die 227 Meter hohen stählernen Türme hochziehen.

Drehkabel

Wie die Kabel verlegt sind
Über Endlosräder, die unablässig in Betrieb waren, wurden 27 752 dünne Drähte hin und her über die Bucht gedreht, immer 24 Drähte gleichzeitig. 450 Drähte bildeten einen Strang, der an jedem Ende der Brücke in dicke Verankerungsklötze einbetoniert wurde. Zuletzt wurden 61 Stränge zu Kabeln zusammengefügt, und jedes Kabel war mehr als einen Meter dick. An diese Kabel wurden dann in Abständen von 15 Metern die Drahtseilträger für die Fahrbahn gehängt.

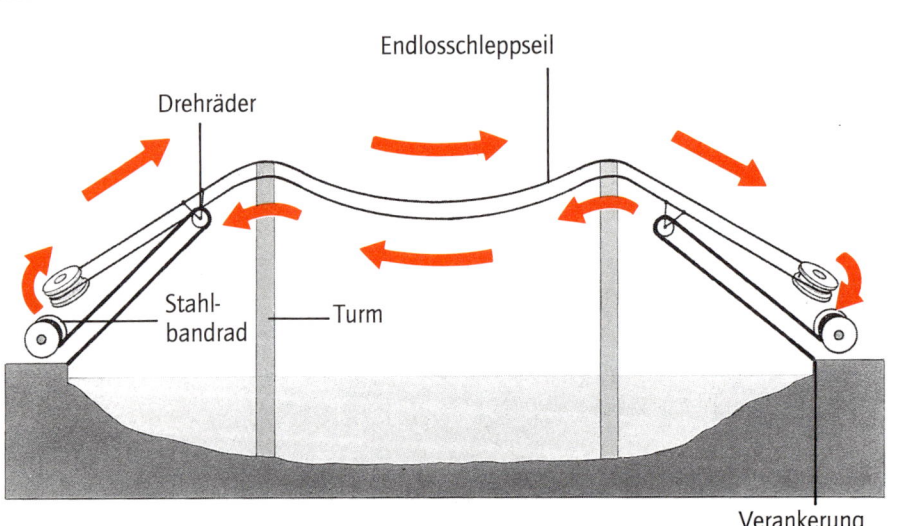

Endlosschleppseil

Drehräder

Stahlbandrad

Turm

Verankerung

Die Golden Gate Bridge

Die Golden Gate Bridge war nach sechs Jahren fertiggestellt. Im Eröffnungsjahr 1937 wurde sie vom Zentralverband der amerikanischen Stahlbauingenieure zur „schönsten Stahlbrücke der Welt" gekürt.

Stahlturm

Die Fahrbahnabschnitte

Die Golden Gate Bridge hat viel Bewegungsspielraum. Die Türme neigen sich bis zu 46 Zentimeter in die Bucht hinein, und zur Küste hin beträgt das Spiel 56 Zentimeter. Die Fahrbahn schwankt bei starkem Wind bis zu 8,5 Meter seitwärts und bis zu 4,9 Meter nach oben und unten.

Die Brückenpfeiler

Der als Stütze des Turms gebaute Nordpfeiler ließ sich noch unproblematisch in sechs Meter Tiefe unter dem Wasser im Felsgestein versenken. Der Südpfeiler dagegen mußte mehr als 30 Meter tief unter Wasser und 335 Meter von der Küste entfernt gebaut werden!

Die Zeit der Moderne

Viele Menschen stellen mittlerweile fest, daß die von uns geschaffene Umwelt mit der Natur nicht mehr in Einklang steht. Sie warnen davor, die Natur auf dem Altar der modernen Architektur zu plündern und zu zerstören. Wir fällen die Bäume, um sie zu Bauholz zu verarbeiten, wir machen blühende Landstriche dem Erdboden gleich, um Bauland zu gewinnen, und wir brechen den Stein aus der Erde, weil wir Material zum Bauen brauchen. Jahrtausendelang haben wir unsere Bauwerke unbekümmert in die Natur gestellt, ohne uns auch nur einmal die Frage zu stellen, was wir ihr damit antun. In all dieser Zeit haben wir vieles erreicht, was wir heute nicht mehr rückgängig machen können und es im Namen unserer sogenannten Zivilisation vielleicht auch gar nicht rückgängig machen wollen. Einige Architekten haben das erkannt. Im folgenden Kapitel befassen wir uns mit ihren Bauwerken, die durch eine umweltfreundliche Bauweise gekennzeichnet sind.

Das Centre Pompidou

Im Jahre 1969 gingen die Architekten Richard Rogers und Renzo Piano im Wettbewerb um den Entwurf für das neue Pariser Kulturzentrum als Sieger hervor. Geplant waren ein Museum für Moderne Kunst, eine Bibliothek, ein Ausstellungszentrum für modernes Design und Architektur und ein Studio für experimentelle zeitgenössische Musik – alles unter einem Dach auf einem großen Freigelände mitten in Paris. Die räumliche Gestaltung nach dem ausgewählten Entwurf erfolgte mit der größtmöglichen Flexibilität, so daß die Ausstellungsflächen in jeder Etage frei blieben von Versorgungselementen wie Rolltreppen, Aufzügen, Treppen, Toiletten, Wasserleitungen, Lüftungen und Stromkabel. Wie sie das machten? Ganz einfach: Das ganze Dickicht der Kabel und Leitungen wurde nach außen verbannt.

Ein großes Kulturzentrum

Seit der Eröffnung im Jahre 1977 kann das Centre Pompidou eine wöchentliche Besucherzahl von mehreren Zehntausend aufweisen. Gemessen an der öffentlichen Funktion und an der Bauweise, hat der Kristallpalast nach 125 Jahren in Paris einen würdigen Nachfolger gefunden.

Die Bauweise

Jedes Stockwerk ist in 13 Abschnitte gegliedert. Diese Abschnitte werden durch die tragenden Bauteile voneinander getrennt. Das sind riesige Träger aus Gußstahl, wovon jeder 46 Meter lang, 3 Meter tief und 46 Tonnen schwer ist. Jeweils drei dieser Träger wurden spät in der Nacht, wenn der Verkehr sich gelegt hatte, im Winter 1974/75 herangeschafft und mit den stählernen Hauptstützen unter Verwendung von 10 Tonnen gußeiserner Spezialträger sicher verschraubt. Diese Träger haben den Namen „Gerberettes".

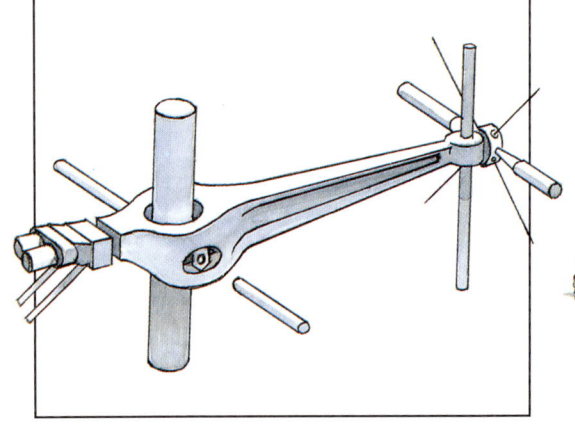

Das Centre Pompidou

Die Rückseite ist unter den riesigen bunten Rohren verborgen – grüne für die Wasserleitung, blaue für die Klimaanlage, gelbe für die Stromkabel und rote für den Aufzug, den man in seinem Schacht auf- und niederfahren sieht. An der Vorderseite des Gebäudes kriecht die Rolltreppe in ihrem durchsichtigen Kunststoffschlauch von Stockwerk zu Stockwerk durch das Treppenhaus.

Die Glasfronten

Die Wände sind verglast. In jeder Etage befindet sich neben der Rolltreppe ein sechs Meter breiter Vorbau mit dem Korridor.

Versorgungstechnik

Nach dem Plan der Architekten entstanden in allen sechs Etagen große Freiflächen – jede war 166 Meter lang, 48 Meter breit und 7 Meter hoch. So konnte man die für jedes Geschoß notwendigen versorgungstechnischen Rohre und Kabel mit der Klimaanlage in den äußeren Umgang verlegen, um die eigentlichen Ausstellungsräume davon freizuhalten.

Das Münchner Olympiastadion

Herkömmliche Zelthäute mit niedriger Zugfestigkeit sind für die Herstellung größerer Zeltdachkonstruktionen schlecht geeignet, weil sie im Winde flattern und Wellen schlagen. Dieses Problem kann mit Hilfe der doppelseitigen Krümmung beseitigt werden – indem das Material in entgegengesetzter Richtung gespannt wird.

Dann besteht allerdings die Gefahr, daß die Spannung so straff wird, daß die Zelthaut reißt. Um eine weitläufige Abdeckung der Olympischen Anlagen in München zu erreichen, wird das Zeltdach durch eine stabile Seilnetzkonstruktion gehalten, die der extremen Spannung standhalten kann.

Das erste bedeutende Beispiel für eine mit entgegengesetzter Krümmung gespannte Seilnetzkonstruktion war das 100 Meter breite Zelt für die Raleigh Arena, North Carolina. Es wurde 1952 erbaut.

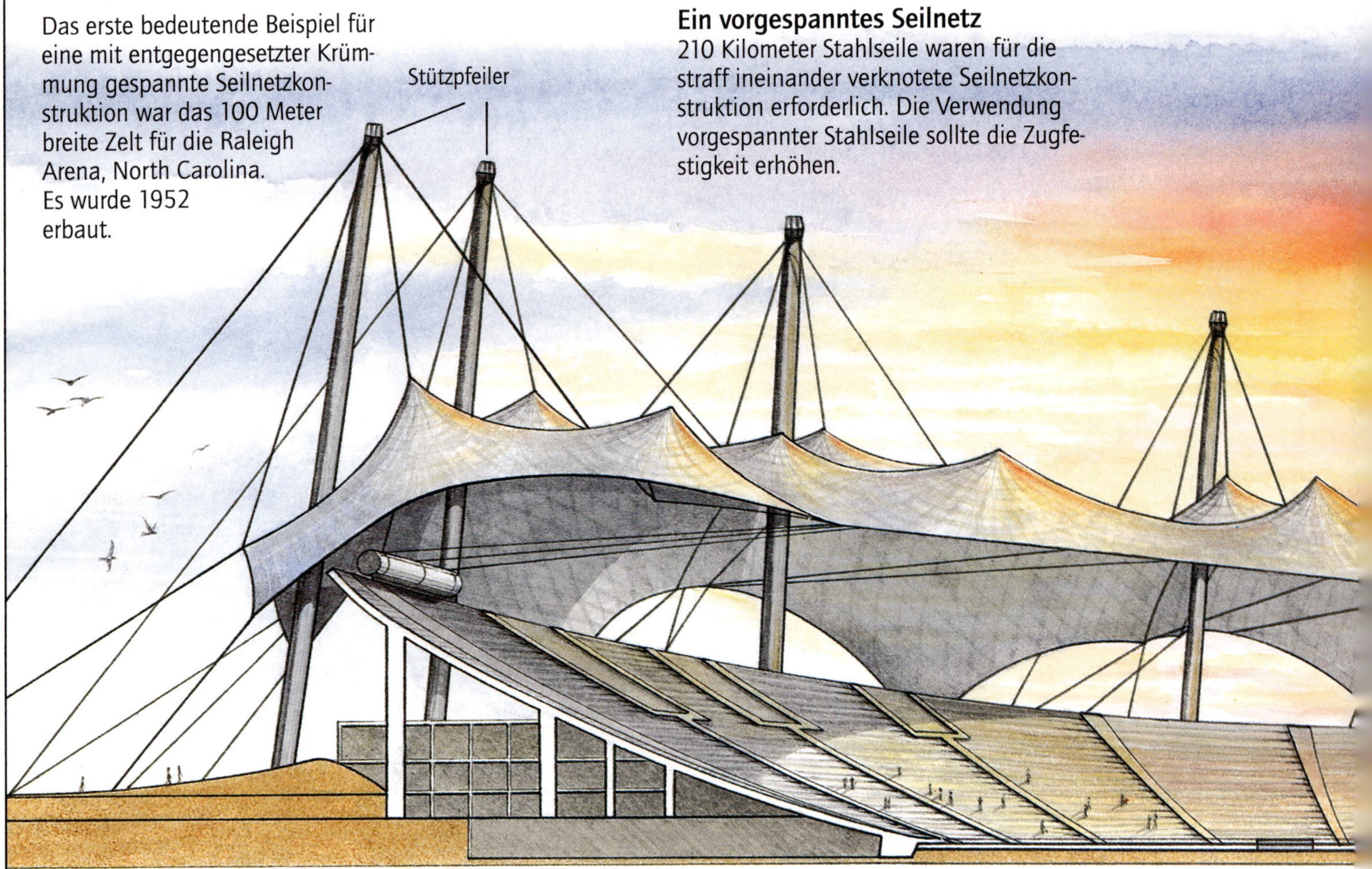

Stützpfeiler

Ein vorgespanntes Seilnetz
210 Kilometer Stahlseile waren für die straff ineinander verknotete Seilnetzkonstruktion erforderlich. Die Verwendung vorgespannter Stahlseile sollte die Zugfestigkeit erhöhen.

Die Stahlseilkonstruktion
Das gesamte Dach wird von 56 Pylonen und Masten getragen, deren Höhe zwischen 7 und 80 Metern liegt. Sie sind an sage und schreibe 123 Punkten des Bogens in Betonklötzen verankert.

Olympische Anlagen

Die Größe und die Form der Zeltdach-
konstruktion stellte die Architekten vor
viele Probleme. Mittlerweile wurde es
zwar in vielen kleineren Auflagen als
leichte und preiswerte Abdeckung für
Bauwerke der unterschiedlichsten Art
nachgeahmt, doch die Ausmaße des
Münchner Zeltdaches sind bis heute
unübertroffen.

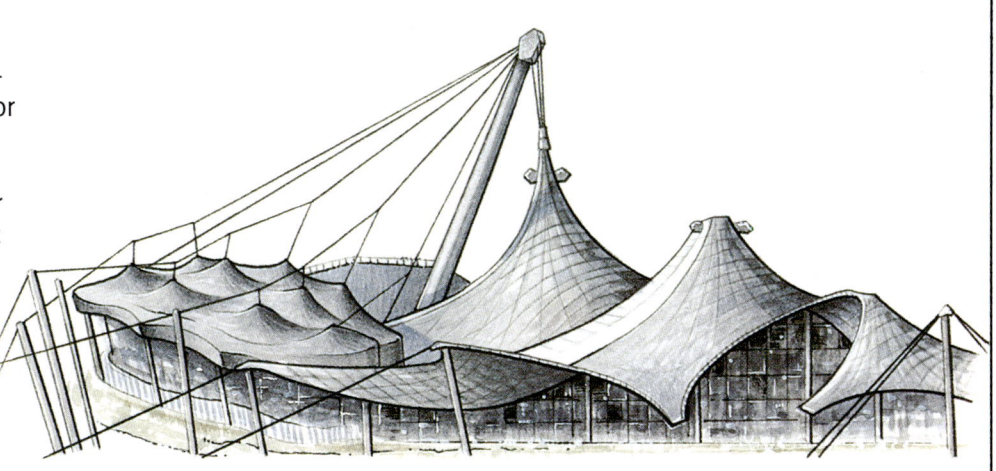

Die Plexiglasfliesen

Nach reiflicher Überlegung wurde
beschlossen, die unter dem Seilnetz
hängende Dachfolie aus 8 500 durchsichtigen Plexiglasplatten zu fertigen.
Jede Platte mißt 2,9 Meter im Quadrat und ist vier Millimeter dick.

Die Gesamtanlage

Das Zeltdach des Olympiaparks
überspannt das Stadion mit
34 550 Quadratmetern, die Sporthalle mit 21 750 Quadratmetern,
die Schwimmhalle mit 11 900
Quadratmetern und die Nebenan-
lagen mit weiteren 6 600 Quadratmetern.

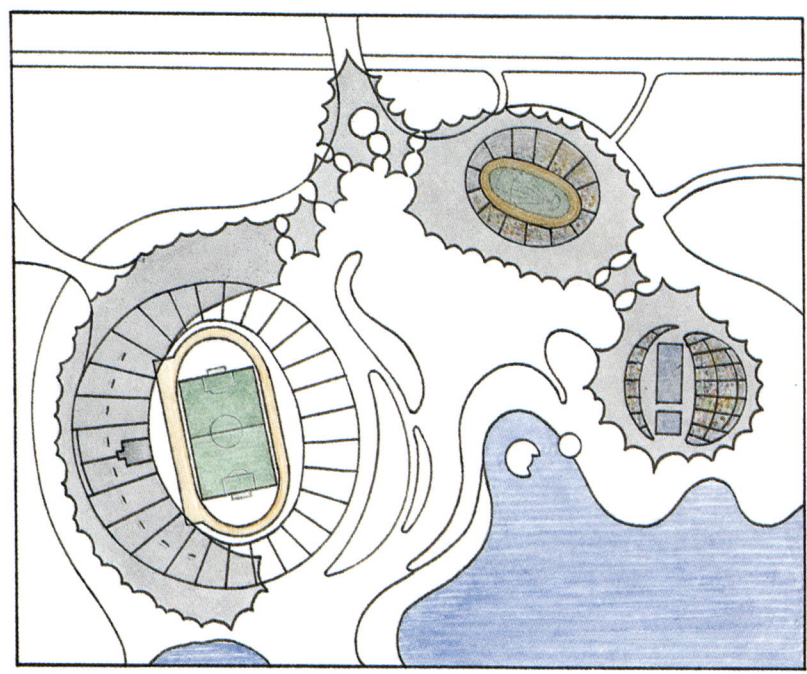

Die Verankerungsseile

Zurückgehalten wird das Dach durch
dickere, stärkere Randseile, die mit den
von den Pylonen herabführenden Haupt-
seilen verknotet sind, und durch Spann-
seile, die es im Boden verankern.

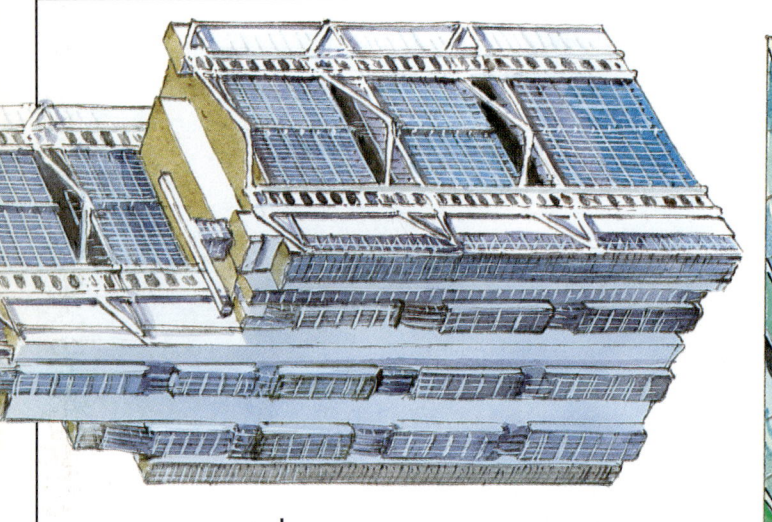

Die Fachwerkbinder
Zusammen mit den Untergeschossen hat das Gebäude 47 Stockwerke. Die Stockwerke hängen gruppenweise von den sogenannten „Fachwerkbindern" herab.

Die Hongkong Bank

Das neue Hauptquartier für die Hongkong und Shanghai Bank in Hongkong entstand zwischen 1981 und 1985. Es gilt als das teuerste Bürogebäude der ganzen Welt.
Weil in Hongkong so viele Menschen leben, mußte das Architektenbüro Foster Associates einen Wolkenkratzer entwerfen, der selber wenig Platz beansprucht, innen jedoch möglichst viel Freifläche bietet. Unter dem Ausdruck „High-Tech" verstehen wir die – zuweilen von der Ingenieurbaukunst inspirierte – Verwendung neuartiger Baustoffe und Techniken, die auch die äußere Erscheinung des Bauwerks prägen. Bei der Hongkong Bank hängen die Stockwerke von acht gigantischen Stahlmasten von jeweils 200 Meter Höhe herab.

Die Aufhänger
Die Fachwerkbinder haben eine Spannweite von 33,6 Meter zwischen den Masten und ragen um 10,8 Meter darüber hinaus. An den Fachwerkbindern sind Rohre eingehängt, von denen wiederum die Stockwerke herabhängen.

Die Hauptmasten
Die einzigen ebenerdigen Stützen befinden sich unten an den acht Hauptmasten, so daß ein zusammenhängender Fußgängerdurchgang durch das gesamte Gebäude entstehen konnte. In der Mitte des Gebäudes befindet sich ein eindrucksvolles Atrium – ein nach oben hin geöffneter Raum, der über mehrere Stockwerke reicht (hier sind es 11).

Solarkollektoren
Auf dem Dach der Hongkong Bank befindet sich eine wahrhaft geniale Anordnung von Sonnenkollektoren: die absorbieren das Sonnenlicht und reflektieren es nach unten in das Atrium, das auf diese Weise von Licht durchflutet wird.

Atrium
Das Atrium, ein weiter, nach oben geöffneter Innenraum, kam Ende der zwanziger Jahre in Mode. Das Atrium wurde nicht nur ein Stilmerkmal der „High-Tech", sondern auch der „Postmoderne", die auf die Nüchternheit der modernistischen Architektur durch die bewußte Einbindung dekorativer Stilelemente reagierte.

Der Eurotunnel

Fast 200 Jahre dauerte es, bis die Untertunnelung des englischen Ärmelkanals fertig wurde. Seit Anfang des 19. Jahrhunderts besteht der Plan, England und Frankreich durch einen Tunnel unter dem Meer zu verbinden. Im Jahre 1802 wurde an einen backsteingemauerten Tunnel gedacht, durch den die Pferde ihre Karren direkt unter dem Meeresboden ziehen sollten. Erst 1880 startete der Bau eines Tunnels; nach vier Kilometern gab man aber wieder auf. Anfang 1970 wurde die Arbeit an derselben Stelle in Dover wieder aufgenommen und einige Zeit später aus politischen Gründen eingestellt. Zehn Jahre später beschloß man, einen Tunnel zu bauen, der Güter- und Personenzüge sowie Kraftfahrzeuge von einer Küste zur anderen bringt. Die Bauarbeiten begannen im Jahre 1988 und wurden 1994 beendet.

Laserstrahlen als Meßinstrument

Es ist äußerst wichtig, daß die Tunnelstrecke ganz genau in der vorberechneten Spur verläuft. Da alle drei Tunnels von der Küstenseite her gebohrt wurden, hätte die Zusammenführung der Strecken bei einem einzigen Fehler in der Berechnung nie stattfinden können. Um das zu vermeiden, verwendeten die Ingenieure den Laserstrahl, der eine präzise Messung von Entfernungen ermöglicht. Außerdem kann man mit den langen, schnurgeraden Laserstrahlen feststellen, ob der Tunnel von der vorgegebenen Spur abweicht.

Der Fräskopf

Die Tunnelbohrmaschine hat einen rotierenden Fräskopf, der mit über 100 messerscharfen Metallscheiben versehen ist. Wegen der extremen Beanspruchung werden sie aus dem verschleißfesten Wolfram hergestellt.

Das Förderband

Dieses Band befördert das vom Fräskopf aus dem Gestein herausgebrochene Erdreich nach hinten zu den Loren, die den Schutt an die Oberfläche schaffen.

Der Fahrer

Der Fräskopf macht drei Umdrehungen pro Minute und wird von einem starken Elektromotor angetrieben. Die ganze Bohrmaschine wird durch massive hydraulische Pressen in das Gestein getrieben und durch kleinere Nebenpressen gelenkt.

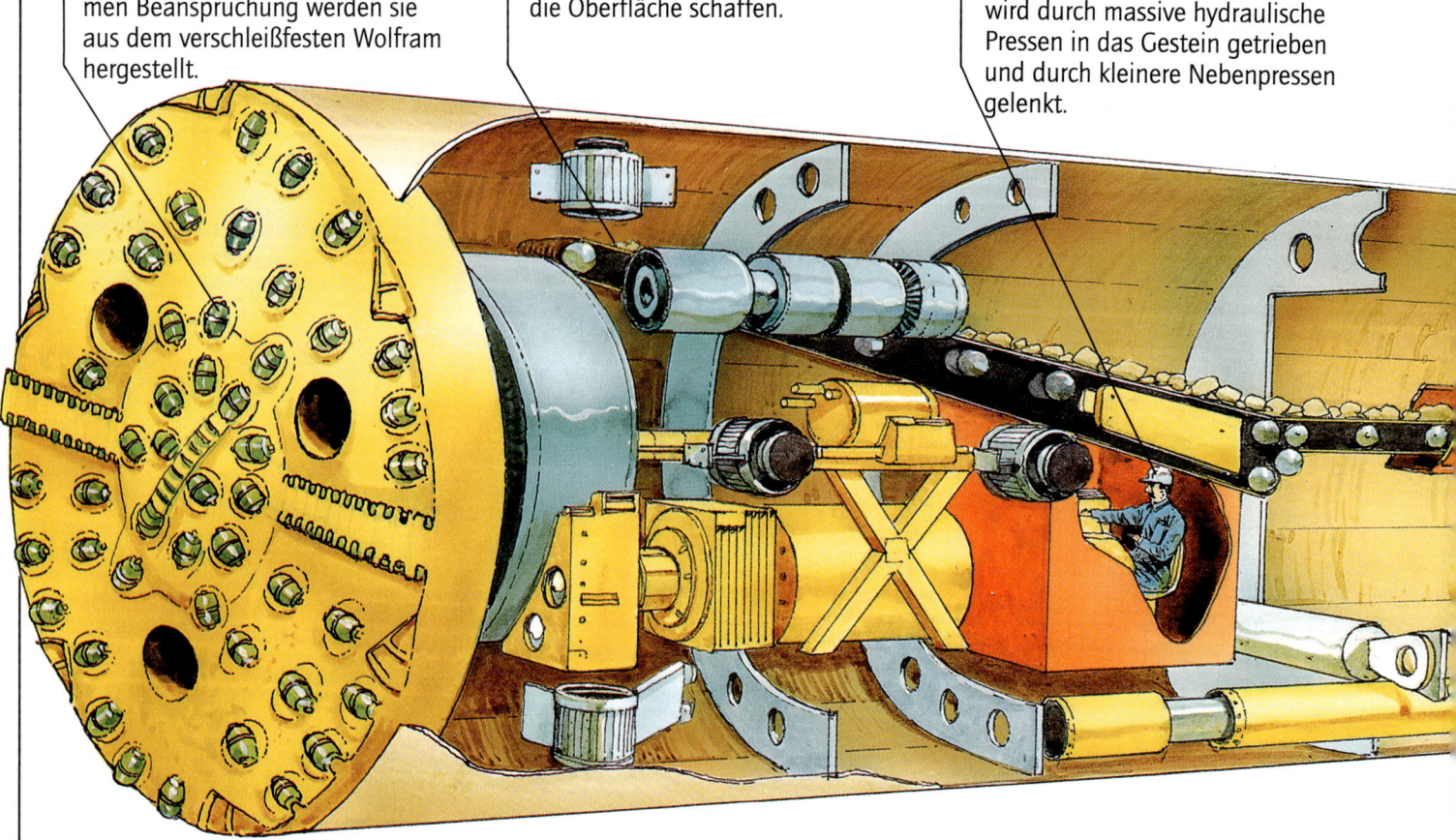

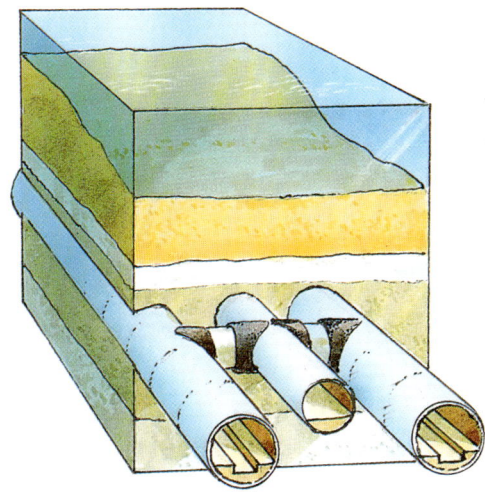

Der Kanaltunnel

Der Kanaltunnel besteht aus drei voneinander getrennten Tunneln. Zwei davon sind für die Eisenbahn bestimmt. Der in der Mitte befindliche Wartungsstollen hat alle 375 Meter eine Auffahrt auf die Haupttunnel. Die Tunnelanlage verläuft 17 bis 40 Meter unter dem Meeresgrund.

Die Auskleidung des Tunnels

Das Futter oder die Auskleidung des Tunnels wird abschnittweise eingezogen. Die Abschnitte werden von der Tunnelöffnung über ein Förderband an die richtige Stelle gebracht.

Sangatte Schacht

Während die Engländer den Tunnel ebenerdig anstachen, versuchten die Franzosen eine ganze andere Methode. Der Tunnelzugang besteht aus einem weiten Stollen, der 65 Meter tief in den Grund versenkt wurde. Innerhalb der 56 Meter weiten Röhre befinden sich alle notwendigen Versorgungseinrichtungen und ein Räumungssystem. Denn der Bohrer hinterläßt riesige Gesteinsmengen, wenn er sich in den Fels hineinfrißt. Gigantische Aufzüge bringen die Tunnelauskleidung in einzelnen Abschnitten zu den Loren, und von hier aus geht es zur Baustelle. Der in großen Mengen vor Ort angerührte Mörtel dient zum Abdichten der Fugen zwischen den einzelnen Platten der Ummantelung. Außerdem wird der Tunnel damit wasserfest gemacht.

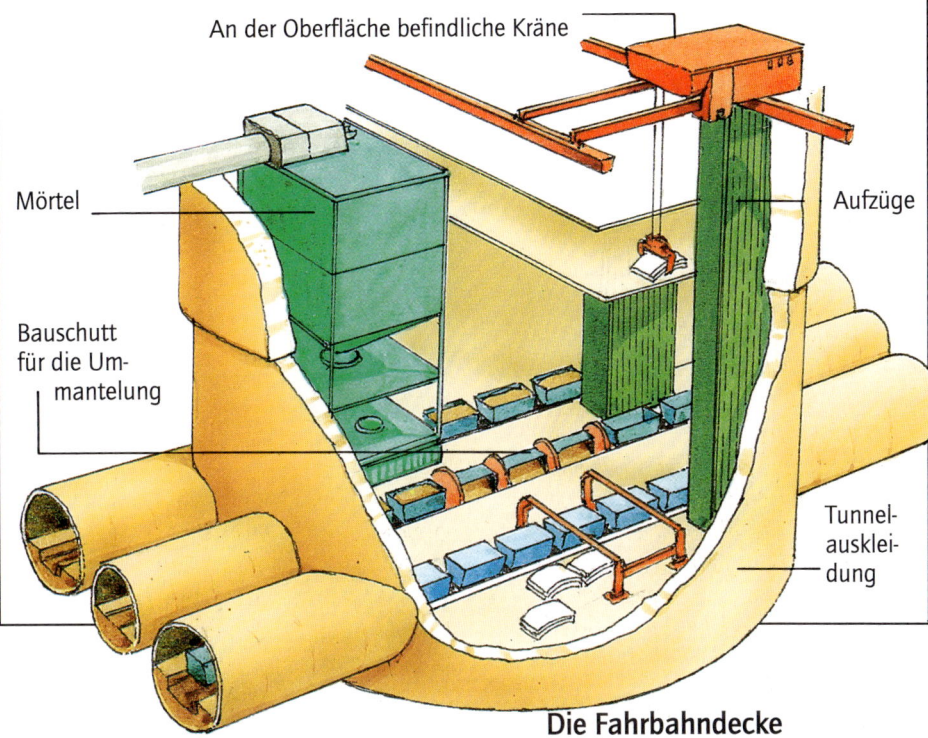

An der Oberfläche befindliche Kräne

Mörtel

Bauschutt für die Ummantelung

Aufzüge

Tunnelauskleidung

Die Fahrbahndecke

Gleichzeitig mit der Verlängerung des Tunnels erfolgt auch das Einsetzen der oberen Fahrbahndecke aus vorgefertigten Teilen.

Die Klimaanlage

Die großen Leitungen versorgen den Tunnel mit Frischluft und ziehen giftige Gase ab.

Die Transportloren

Der Gesamtinhalt von sechs Loren reicht für zwei Ringe Tunnelfutter.

Eine neuartige Bank

Seit Ende des 19. Jahrhunderts haben wir die technische Ausrüstung unserer Häuser immer weiterentwickelt: Nach der Gasbeleuchtung kam das elektrische Licht; auf die offenen Kamine folgten Heizungssysteme verschiedenster Art, um die Innentemperaturen unabhängig von den Außentemperaturen konstant halten zu können; und Klimaanlagen sollen die Qualität unserer Atemluft regulieren. Mittlerweile sind diese bisher als so nützlich gepriesenen Einrichtungen aber gar nicht mehr so gefragt. Sie verschwenden wertvolle Energie und sind vermutlich auch an der Erwärmung unseres Planeten beteiligt. Auf diesen und den folgenden Seiten seht ihr einige etwas merkwürdig geformte Bauwerke, die Energie sparen helfen.

Das Atrium

In jeden Innenhof, das sogenannte Atrium, fällt natürliches Sonnenlicht ein, so daß auf die künstliche Beleuchtung teilweise verzichtet werden kann. Das Gebäude verfügt über einen unabhängigen elektrischen Generator, und die zusätzlich erzeugte Wärme wird für den späteren Verbrauch gespeichert.

NMB-Bank

Die NMB-Bank besteht derzeit aus 10 Gebäudekomplexen, die sich in einer leichten S-Kurve jeweils um einen Innenhof herumgruppieren und über Korridore miteinander verbunden sind. Auf dem höchsten Punkt einer jeden Häusergruppe stehen ein fünfflächiger Sonnenkollektor und die dazugehörige Recycling-Maschinerie.

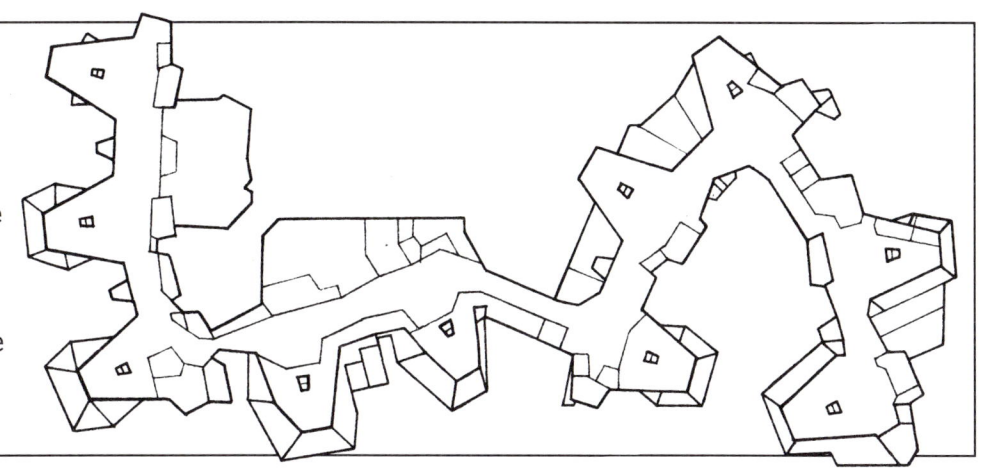

Solarkollektoren

Die so komisch anmutenden schrägen Wände (ein bißchen im Stil der Architektur Gaudís vom Anfang dieses Jahrhunderts) wirken als Wärmespeicher, und auch der verschachtelte Grundriß hilft beim Energiesparen. Diese Wände leiten die Winde nämlich weit besser um als die herkömmlichen rechtwinkligen Bauten, so daß die Wärmeverluste viel geringer sind.

Energie sparen

Zwischen der inneren Betonwand und der schrägen Außenwand befindet sich ein 30 Zentimeter breiter Hohlraum, der in den kalten Wintermonaten als Wärmespeicher wirkt. Im Sommer dagegen wird das Gebäude in den Nachtstunden durch einen frischen Luftstrom gekühlt, und die überschüssige Wärme wird abgezogen.

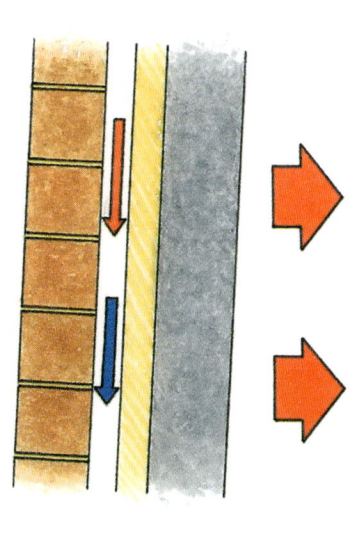

Ein neuartiges Rathaus

Unsere Betrachtungen zur energiesparenden Bauweise führen wir nun an einem Beispiel weiter, das zur Zeit, da dieses Buch geschrieben wurde, noch in der Planung steckte: das neue Rathaus der südfranzösischen Stadt Marseille. Vergleicht doch diesen Entwurf einmal mit dem Hauptquartier der niederländischen NMB-Bank – beide Gebäude sind sehr breit, und die Gesamtnutzfläche aller Stockwerke beträgt in beiden Fällen rund 80 000 Quadratmeter; und dennoch

bilden beide Bauwerke einen faszinierenden Kontrast. Im Vergleich zu der organisch und frei wirkenden Anordnung der NMB wirkt das Rathaus von Marseille wie ein Produkt der High-Tech: Säulen tragen die langen Stockwerkbänder, die innen von offenen Innenhöfen durchbrochen werden und oben durch einen schalenartigen Aufbau mit Solarkollektoren abschließen. Dieses Bauwerk nutzt auch die thermisch wirksame Masse, um Wärme zu speichern.

Die Außengänge
Die Korridore an der Gebäudeaußenseite wirken als Pufferbereich, um die klimatischen Witterungseinflüsse von außen abzufangen. An den heißen Sommertagen verhindern sie, daß die Hitze in die Büroräume vordringt, und im Winter dienen sie als Isolierung, so daß die Innenräume vor der Kälte geschützt werden.

Umweltbewußtes Bauen
Manche unserer Zeitgenossen vertreten die Ansicht, daß Umweltbewußtheit und Energiesparen automatisch die Rückkehr zu einer steinzeitlichen oder zumindest naturnahen Lebensweise bedeuten. Das könnte, so meinen sie, für unseren Alltag recht unerfreuliche Folgen haben! Doch gibt es mittlerweile viele Gebäude, die unsere Umwelt durch den sinnvollen Einsatz moderner Technik verschönern und menschenfreundlicher gestalten und gleichzeitig weniger Energie verbrauchen. Hier ist ein Beispiel dafür.

Die Bauweise

In den kalten Winternächten wird die Betonstruktur die Wärme speichern, die dann am Tage in die Büroräume zurückströmt. In den Sommernächten werden die Betonplatten durch die Luft gekühlt, um am Tage die durch das Bauwerk erzeugte Hitze aufzunehmen.

Lüftungsschächte

Bewegliche Lüftungsschächte und Sonnenschirme an der Außenseite der Korridore sollen das Innere zusätzlich vor der direkten Sonneneinstrahlung schützen, während aus den Innenhöfen die zwischen den Stockwerkwänden aufsteigende Warmluft durch die Öffnung nach oben entweicht. Im Winter werden diese Öffnungen geschlossen und als Wintergarten und Speicherräume benutzt.

La Tour sans Fin

Und nun kommen wir wieder zum Ausgangspunkt dieses Buches: zu einem hoch in den Himmel strebenden, mächtigen Bauwerk. Im Pariser Geschäftsviertel La Défense soll Anfang der neunziger Jahre des zwanzigsten Jahrhunderts eines der weltweit höchsten Turmbauten entstehen: Der endlose Turm, wie der Name schon sagt – ein moderner Turm zu Babel? Der Architekt Jean Nouvel entwarf einen

80stöckigen Hochzylinder, der im Verhältnis zu seiner Höhe so schlank ist, daß er alle anderen Wolkenkratzer der Welt übertrifft. Die Gestalt dieses Bauwerks wird so einzigartig sein: Unten zu ebener Erde fest und dicht mit verhältnismäßig kleinen Fenstern, wird er mit der Höhe an Licht und Leichtigkeit gewinnen, bis die etwa 50 Meter hohe Turmspitze wie transparent erscheint.

Die Spitze des Turms

Ein Stahlgerüst im oberen Viertel soll extreme Schwankungen des Turmes vermeiden. Der letzte Abschnitt ist ungefähr so tief wie 14 Stockwerke und wird vom Boden aus wie durchsichtig erscheinen. Er wird aber wie eine Gitterkonstruktion erhalten, die vor allem den Druckkräften der heftigen Winde entgegenwirken soll.

La Tour Sans Fin

Die Außenseite des Turmes wird mit einem deutlich hervortretenden, spiralförmigen Kreuzmuster versehen. Da der ganze Bau allein von der äußeren Umwandung gestützt wird (ohne Stahlgerüst oder zentralen Betonkern), bleiben die Stockwerkflächen frei von Stützpfeilern. Wir werden herrliche Ausblicke über die gesamte Skyline von Paris genießen können!

Das Betongerippe

Um einen derart hochgewachsenen Turm zu stabilisieren, muß die Abstützung an den Außenrand des Turmes verlegt werden. Als Baumaterial wäre außer Spannbeton auch Stahl geeignet. Doch würde der Bau so gewaltige Mengen an Stahl verschlingen, daß man sich aus Kostengründen schließlich für Beton entschied.

Der Querschnitt des Turmes

Unten an der Basis ist er massiv. Mit steigender Höhe wird sich die zunehmende Leichtigkeit in der äußeren Erscheinung des Bauwerks widerspiegeln.

Der Grundplan

Das extreme „Breite-zu-Höhe-Verhältnis" – der Turm ist nur 30 Meter breit, aber 400 Meter hoch – stellt die Ingenieure von Haus aus vor große Probleme: Wie kann man die gewaltigen Windkräfte besser abfangen? So wurde ein Randgerüst aus Beton entworfen. Es bildet ein vollkommenes Rund, dessen Ausformung die Druckbeanspruchung durch den Wind auf ein Mindestmaß herabsetzt.

Aufzüge

Kern

Atrium

Hochgeschwindigkeitslift

Kern

Kansai Airport

Der Flugverkehr hat sich im 20. Jahrhundert zunehmend durchgesetzt, und um das höhere Flugaufkommen zu bewältigen, mußten die Flughäfen dieser Entwicklung angepaßt werden. In manchen Fällen, wie beim Londoner Flughafen Heathrow, zog sich diese Entwicklung über mehrere Jahre hin, bei den anderen wurde von Anfang an konsequent für die Zukunft geplant.

Drei Kilometer von der japanischen Stadt Osaka entfernt nahm eine künstliche Insel nach und nach Gestalt an. Dort wurde 1994 der wohl beeindruckendste zukunftsweisende Flughafen der Welt eröffnet – Kansai International. Rund 25 Millionen Fluggäste werden die Insel alljährlich über eine zweigeschossige Stahlfachwerkbrücke für Züge und Fahrzeuge aufsuchen.

Der Architekt
Renzo Piano ist der Architekt. Schon das Centre Pompidou in Paris, das er gemeinsam mit einem Partner entworfen hatte, war eine gewaltige, technisch revolutionäre Konstruktion. Und der Flughafen Kansai ist zwischen den die Abfertigungshalle flankierenden beiden „Schwingen" 10mal so breit!

Freie Sicht
An der Vorderseite des Gebäudes beschreibt das geschwungene Dach einen Abwärtsbogen, umschlingt dabei mehrere Gänge und endet in einer durchgehenden Glaswand, die den Fluggästen freie Sicht auf das Rollfeld ermöglicht.

Der Plan
Der Flughafen ist so angelegt, daß die per Bahn oder PKW an der Rückseite des Terminals eintreffenden Fluggäste ihre Maschine möglichst direkt erreichen. Auf diese Weise bleibt ihnen im Gegensatz zu den meisten anderen Flughäfen das Herumirren durch ein Labyrinth von Gängen erspart.

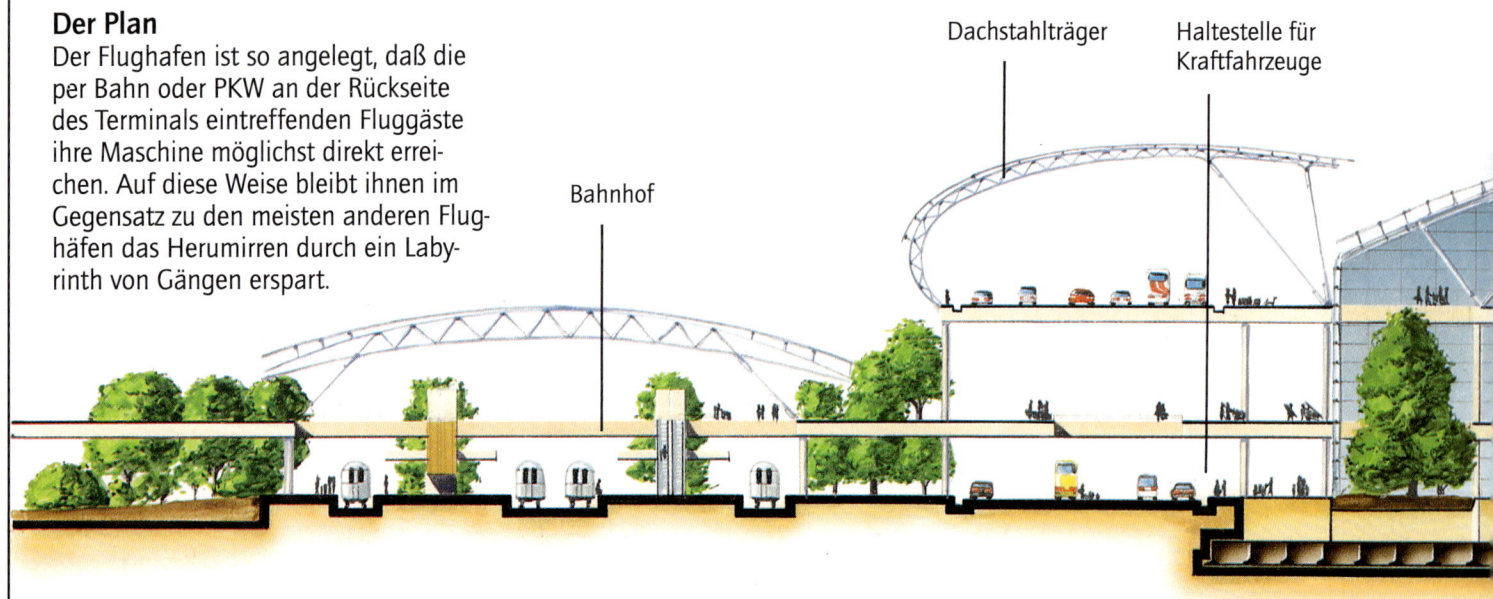

Bahnhof

Dachstahlträger

Haltestelle für Kraftfahrzeuge

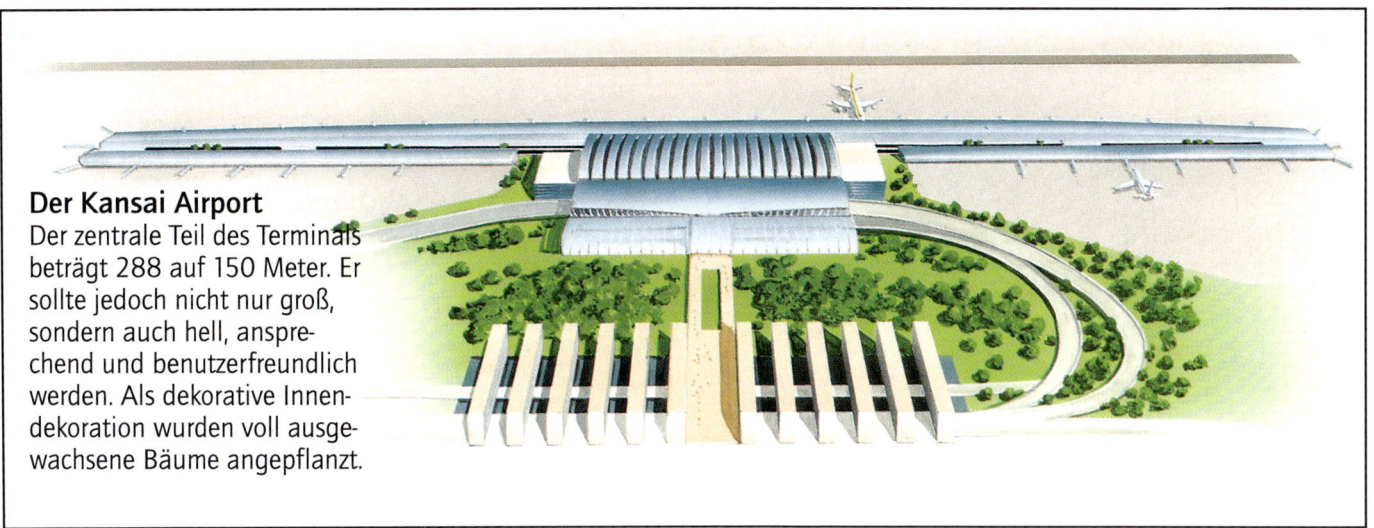

Der Kansai Airport

Der zentrale Teil des Terminals beträgt 288 auf 150 Meter. Er sollte jedoch nicht nur groß, sondern auch hell, ansprechend und benutzerfreundlich werden. Als dekorative Innendekoration wurden voll ausgewachsene Bäume angepflanzt.

Die Gestaltung

Das kolossale Dach schwebt weit über den Köpfen der Passagiere und ist wie der Flügelabschnitt eines Flugzeugs geformt. Es wird abschnittweise über die ganze Länge von dreidimensionalen Stahlträgern abgestützt, wobei die größte Spannweite zwischen den schräggestellten Stützbeinen der Träger sage und schreibe 83 Meter erreicht.

Das Architekturmodell

Der Flughafen Kansai International wurde im Jahr 1994 eröffnet, im gleichen Jahr wie der Eurotunnel. Diese beiden Bauwerke waren die seinerzeit bedeutendsten öffentlichen Bauprojekte der Welt.
Sie mögen sehr unterschiedlich sein, doch entstand jedes auf seine Art aus einer Zukunftsvision, die in das 21. Jahrhundert weist.

Künstlich geschaffene Insel

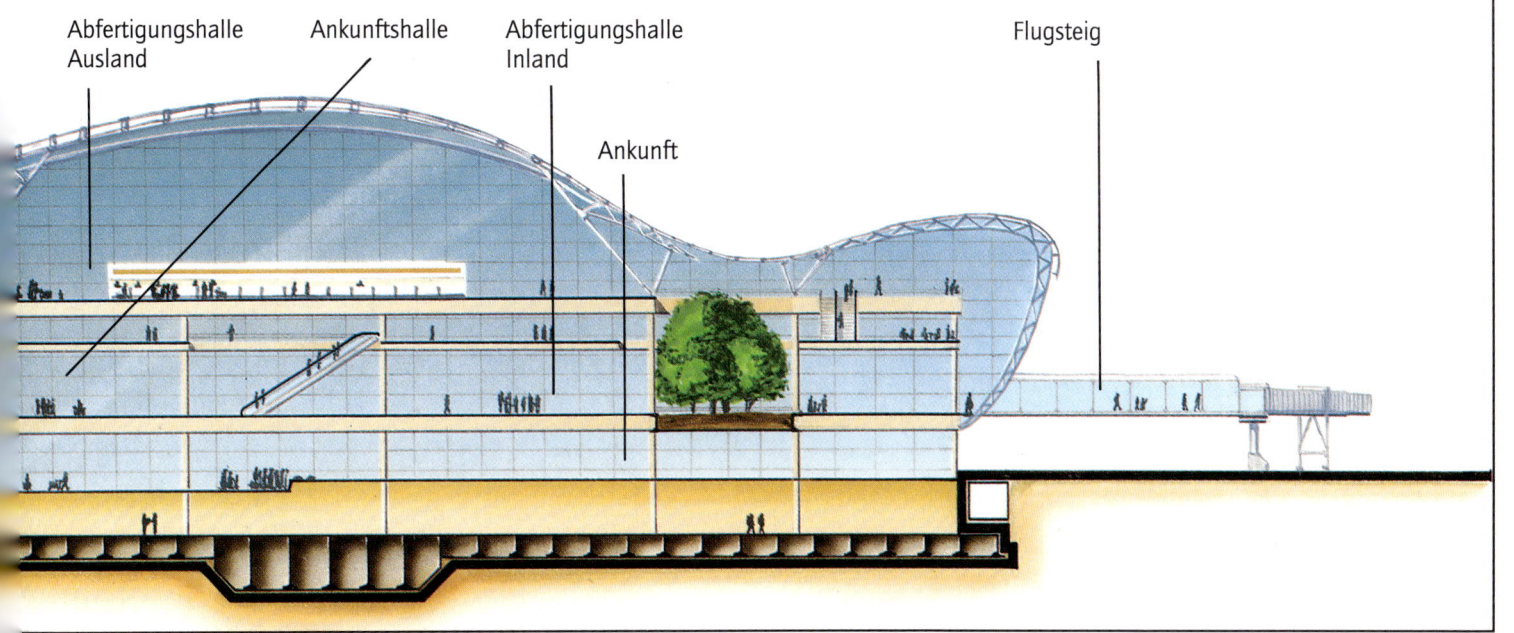

Abfertigungshalle Ausland

Ankunftshalle

Abfertigungshalle Inland

Ankunft

Flugsteig

Worterklärungen

Anmerkung: Alle Wörter, die im Text kursiv *(das heißt so)* gedruckt sind, werden in diesem Glossar näher erklärt.

Akustik
Die Lehre vom Schall; die Art und Weise, wie der Schall von einer Fläche (Wände, Decke, Fußboden, Sitze usw.) eines Raumes oder einer Halle aufgenommen und wiedergegeben wird.

Adobe
In der Sonne getrockneter Ziegelstein aus Lehm und Stroh; manchmal auch das aus diesem Baustoff entstandene Gebäude.

Aquädukt
Eine von Menschenhand erschaffene Brücke mit einer Wasserrinne, die das Wasser über größere Entfernungen leiten kann.

Architekt
Er entwirft und plant das Bauwerk.

Architektur
Darunter versteht man die Baukunst.

Architrav
In der *Klassischen Architektur* der direkt auf dem *Kapitell* aufliegende Balken.

Atrium
Zentraler Raum der antiken Wohnhäuser; in der *Architektur* des ausgehenden 20. Jahrhunderts ein oft mehrgeschossiger, nach oben hin geöffneter Raum eines Gebäudes.

Aufriß
Ansicht eines Gebäudes oder einer anderen Konstruktion in senkrechter Ebene.

Ausleger
Ein waagerechter, einseitig verankerter Träger, der in den Raum vorragt. Bei der Auslegerbrücke kragen die beiden einseitig befestigten Bogenhälften freischwebend in den Raum hinein und sind über den Gerberträger miteinander verbunden.

Backstein
Im Ofen hart gebackener Ziegelstein, dauerhafter als der luftgetrocknete Ziegel oder *Adobe*.

Balken
Der einzelne, waagerecht (nebeneinander) in einer Baukonstruktion angeordnete Bauteil.

Barock
Eine im 17. und Anfang des 18. Jahrhunderts vorherrschende Stilrichtung, die sich durch üppige, prächtig bis übersteigerte Formen auszeichnet. Gilt für die Architektur, die Bildenden Künste und die Musik.

Basilika
Ursprünglich eine römische Halle zur Abhaltung von Märkten und öffentlichen Versammlungen. Nach dem Grundplan der Basilika entstanden die frühen christlichen Kirchen.

Bearbeitung
Das Behauen der Steine zur Verbesserung der Oberfläche.

Beton
Eine Mischung aus Sand, Zement, Zuschlägen und Wasser, die in Schalungen gegossen wird und zu einem sehr festen, steinharten Material erstarrt.

Blei
Weiches Schwermetall, das als Beschichtung für Kirchendächer verwendet wurde.

Bodenbalken
Ein Balken, der den Boden trägt.

Bogen
Freitragende Konstruktion, die einen Zwischenraum überwölbt.

Bogenstein
Ein keilförmiger Block; eine durchgehende Reihe von Bogensteinen ergibt einen freitragenden *Bogen*.

Bolzenverbindung
Eine gelenkige *Verbindung*, die den Baugliedern Bewegungsfreiheit ermög-licht; dem menschlichen Kniegelenk vergleichbar.

Brückenkopf
Im *Ingenieurbauwesen* spitz zulaufendes *Mauerwerk*. Wird ins Wasser gesetzt, um einen Brückenpfeiler zu sichern.

Burggraben
Tiefer Schutzgraben, der um eine Burg gezogen wird. Meist war er mit Wasser gefüllt und von einer Zugbrücke überspannt.

Burghof
Außenmauer oder Außenhof einer mittelalterlichen Burg.

Burghügel
Der von einem *Burggraben* umgebene und mit der Burg versehene Hügel.

Caisson
Auch Senkkasten genannt. Wird im weichen Flußbett versenkt, um als *Fundament* für eine Brücke zu dienen.

Chor
Der für die Sänger vorgesehene Teil der Kirche oder der Kathedrale. Er befindet sich in der Verlängerung des *Mittelschiffs* nach dem Querschiff.

Circus
Ein kreisförmiger bis ovaler Bau oder Arena für die Abhaltung von Spielen, wie er vor allem bei den Römern verbreitet war.

Cruck
Ein Paar natürlich gekrümmter Holzpfosten vom gleichen Baumstamm. Als Bogen aufgestellt, stützen sie das Dach und bilden einen Teil der Hauswand.

Deckstein
Balken über Türöffnungen oder Fenstern.

Dorisch
Griechisch-antike *Säulenordnung* mit unverziertem *Kapitell*.

Eisen
Ein festes Metall, das in Form von *Gußeisen, Schmiedeeisen* oder *Stahl* in der Konstruktion Verwendung findet.

Fachwerkträger
Ein *Rahmenwerk* aus Baugliedern, das die Konstruktion über lange Spannweiten tragen kann.

Fassade
Die Außenseite (gewöhnlich die Vorderseite) eines Gebäudes.

Fertigbauweise
Die Herstellung aller Bauteile im vorab, außerhalb der Baustelle.

Flechtwerk
Gitterwerk aus dünnen Ruten oder Zweigen. Mit Lehm beworfen, dient es für den Bau primitiver Häuser.

Forum
Marktplatz oder öffentlicher Versammlungsort in einer römisch-antiken Stadt.

Fundament
Die Basis eines Gebäudes oder einer Konstruktion. Sie befindet sich gewöhnlich unter der Erde und stützt das Gebäude.

Gebälk
In der *Klassischen Architektur* der Teil über dem *Kapitell* der Säule.

Gerüst
Hilfskonstruktion, die zum Abstützen eines noch im Bau befindlichen Gebäudes und auch als Arbeitsplattform dient.

Gewölbe
Ein bogenförmiges *Mauerwerk* zum Überspannen eines Gebäudeteils.

Gitterträger
Gitterförmige Anordnung von Bauteilen.

Gotisch
In der *Architektur* der Baustil des *Mittelalters*, der die runden *Bogen* und *Gewölbe* durch den spitzen Bogen ersetzt.

Grabmal
Ein Monument zur Aufbewahrung der Gebeine der Verstorbenen.

Granit
Ein äußerst festes, kristallines, gesprenkeltes Gestein. Entsteht durch das Erstarren (flüssiger) Schmelzen.

Grat
Die Schnittstelle, an der sich zwei *Tonnengewölbe* schneiden.

Gußeisen
Eine gehärtete Mischung aus Eisen, Kohlenstoff und anderen Elementen. Das leicht schmelzende Gußeisen wird zu *Fertigbauteilen* vorgeformt.

H-Träger
Balken aus *Eisen* oder *Stahl* mit H-förmigem Querschnitt.

Hängebrücke
Bei diesem Brückentyp hängt die Straßendecke an langen Seilen, die an den Brückentürmen befestigt sind.

Hohlraum
Eine vom Boden bis zur Decke hochreichende Spalte oder Öffnung in der Mauer.

In situ
Die Fertigung von Baustoffen oder Bauteilen direkt an der im Bauwerk vorgesehenen Stelle, zum Beispiel der Guß des *Betons*.

Ingenieurbauwesen
Planung und Durchführung öffentlicher Bauwerke, zum Beispiel Straßen, Eisenbahnstrecken, Staudämme, Kanäle, Brücken, Hafenanlagen und Werften.

Ionisch
Griechische Säulenordnung des Altertums, mit schnecken- oder spiralenverziertem *Kapitell*.

Kastenträger
Balken aus Eisen oder Stahl mit rechteckigem Querschnitt (von unten gesehen).

Kalkstein
Leicht zu *bearbeitender* Stein, der zum größten Teil aus Kalziumkarbonat besteht. Kreide zum Beispiel ist reiner Kalkstein.

Kapitell
Der obere Abschnitt einer *Säule*.

Kassette
Früher kastenförmige Vertiefung in einer Decke; heute eher die Unterseite eines Bauteils.

Klassisch
In der *Architektur* der Baustil aus der Zeit der griechisch-römischen Antike; auch alle späteren Stilrichtungen, die ihre Anregungen aus dem klassischen Altertum holen.

Kolonnade
Eine *Säulenreihe* mit regelmäßigen Abständen dazwischen.

Korinthisch
Alte griechische *Säulenordnung* mit Blattornamenten am *Kapitell*.

Kragwerk
Jede Schicht des *Mauerwerks* ragt ein Stück über die bisherige hinaus. Um einen freien Raum zu überwölben, wird das Mauerwerk in dieser Weise von zwei Seiten hochgezogen. Wird das Kragwerk nur einseitig gearbeitet, dient es zum Beispiel als Abstützung für das Dach.

Kreuzgewölbe
Entsteht durch die Überschneidung von zwei *Tonnengewölben*.

Kuppel
Ein mächtiges Gewölbe über einem normalerweise kreisförmigen Raum.

Laterne
Dachschmuck einer Kirche oder Kathedrale; steht als *verglaster* Aufbau häufig oben auf der *Kuppel*.

Lehm
Eine Bodenart von meist blassem Farbton. Trockener Lehm ist pulverig; im Naßzustand wird Lehm fest und zäh, so daß man ihn bearbeiten kann. Lehm ist Ausgangsstoff für die Herstellung von *Zement* und Ziegelstein.

Lehmziegel
Rohziegel aus Schlamm oder *Lehm*, der zu Blöcken geformt und in der Sonne getrocknet wird. Wird häufig auch als *Adobe* bezeichnet.

Lehrgerüst
Arbeitsgerüst als Hilfsmittel für den Aufbau eines *Bogens.*

Marmor
Sehr fester *Kalkstein*, der unter starker Hitzeeinwirkung kristallisiert. Marmor ist häufig bunt und manchmal durch charakteristische Muster geprägt. Ergibt bei entsprechender Formung und Oberflächenbearbeitung prachtvolle Dekorationen.

Mastaba
Ein rechteckiges, bankförmiges Grabmal der Ägypter, gewöhnlich mit geneigten Wänden.

Mauerwerk
Allgemeiner Ausdruck für Anordnungen aus *Stein*, aus Ziegel oder *Beton.*

Mausoleum
Ein gewaltiges, prächtiges Grab, wie es im Altertum – aber auch in anderen Zeiten – vorkam.

Minarett
Ein schlanker Turm über oder neben einer *Moschee*. Von dort aus ertönt der Ruf an die muslimischen Gläubigen zum Gebet.

Mittelalter
Ein Zeitabschnitt der europäischen Geschichte, der ungefähr vom 11. bis zum 16. Jahrhundert reicht.

Mittelschiff
Die Haupthalle einer Kirche, die der Versammlung der Gemeinde dient. Geht nach dem Querhaus in den *Chor* über.

Mörtel
Mit Wasser versetzte Mischung aus Zement, Sand und häufig auch Ton, die das *Mauerwerk* zusammenhält.

Mosaik
Eine zu Mustern oder Bildern gesetzte Anordnung aus kleinen bunten Glasscherben oder *Steinen.*

Moschee
Die Kultstätte des Islam.

Niet
Ein Bolzen, der nach Erwärmung in die Löcher der zu verbindenden Werkstücke eingeschlagen wird und sie dadurch fest zusammenhält.

Nut
Eine Aussparung oder ein Loch im Holz oder *Mauerwerk*, der durch die Aufnahme des rechteckigen Zapfens eine *Verbindung* bildet.

Ordnungen
Die Stilrichtungen der *Klassischen Architektur*, die meist durch die Ausgestaltung der Kapitelle gekennzeichnet werden.

Pendentif
Ein Gewölbe von dreieckiger Grundform. Es entsteht dadurch, daß der Fußkreis der Kuppel durch stützende Bogen geschnitten und die Kuppelhaube entfernt wird.

Peristyl
Der von Kolonnaden (also Säulenreihen) umgebene Hof oder offene Innenraum eines Gebäudes.

Pfahl
Pfosten aus Holz oder Beton, der als Teil eines *Fundamentes* in den Boden gerammt oder getrieben wird (Beton wird gegossen).

Piloten
Säulen zum Abstützen eines ganzen Gebäudes, dessen Grundflächen auf diese Weise an allen Seiten offen bleibt.

Pisé de terre
Die *In-situ*-Konstruktion ganzer Wände, bei der das Rahmenwerk mit Erdreich abgedeckt wird.

Portikus
In der *Klassischen Architektur* eine auf *Kolonnaden* ruhende Vorhalle.

Pyramide
Ein stabiles Bauwerk mit dreieckiger Grundfläche, dessen Seitenwände sich nach oben hin verjüngen und im Scheitelpunkt zusammentreffen. Die teil-weise gewaltigen ägyptischen Pyramiden mit viereckiger Grundfläche dienten als Königsgräber.

Querschiff
Darunter verstehen wir den zwischen *Mittelschiff* und Chor eingeschobenen Querbau der Kirche oder Kathedrale.

Rahmenwerk
Das Skelett eines Gebäudeteils oder des ganzen Gebäudes. Es besteht gewöhnlich aus *Balken* oder *Stützsäulen* und ist häufig mit Verstrebungen versehen.

Rinne
Ein Wasserabfluß.

Rippengewölbe
Gewölbe mit einem Bänderwerk aus Stein, das im Bogen über den *Grat* verläuft.

Romanisch
Bezeichnet die vorgotische Stilrichtung der *Architektur*, die durch runde *Bogen* und *Gewölbe* gekennzeichnet ist.

Sandstein
Gestein aus zusammengepreßtem Sand.

Sarsens
Große *Sandsteinblöcke* aus südenglischen Fundstätten. Sie sind behauen und zu Steinsetzungen angeordnet, zum Beispiel in Stonehenge *(siehe Seite 34)*

Säule
Ein senkrecht aufragendes Bauwerk.

Schlußstein
Der am höchsten Punkt in die Mitte des *Bogens* als letzter gesetzte *Stein.*

Schmiedeeisen
Nahezu reines *Eisen* mit sehr wenig Kohlenstoff; daher viel weicher als *Stahl* oder *Gußeisen* und leichter weiterzuverarbeiten.

Schrägdach
Die beiden abgeschrägten Seitenflächen stützen sich gegenseitig.

Sparren
Der gekrümmte Holzpfosten eines Dachstuhls.

Stahl
Verbindung aus Eisen; der Kohlenstoffanteil liegt niedriger als bei *Gußeisen* und höher als bei *Schmiedeeisen*. Vereint die Härte des Gußeisens mit der Geschmeidigkeit des Schmiedeeisens.

Stahlbeton
Durch die Einlage von Stahlstäben bewehrter *Beton*.

Stein
Ein in der Natur vorkommendes Gestein und eines der ältesten Baumaterialien.

Stichbalken
Kurze Holzkonsole mit dekorativem Schnitzwerk zur Auflagerung eines hölzernen *Bogens*. Wurde häufig für Kirchendächer verwendet.

Strebepfeiler
Freistehender Stützpfeiler; geschwungene Säule aus *Mauerwerk,* die an der Außenmauer emporsteigt, um das Gewicht des *Gewölbes* in das *Strebewerk* abzuleiten.

Strebewerk
Besteht normalerweise aus *Mauerwerk* und wird als Abstützung an der Außenmauer (der Kirche) hochgebaut.

Stupa
Ein buddhistischer Tempel. Der Stupa besteht normalerweise aus einem backsteinummantelten, bunt bemalten Erdhügel.

Terrasse
Ein einheitlicher Häuserkomplex; erhöhte Plattform an einem Gebäude; eine Anordnung flacher Stufen, auf denen die Zuschauer sitzen oder stehen können.

Thermisch wirksame Masse
Die Fähigkeit eines Gebäudes, Wärme aufzunehmen und zu speichern.

Tonnengewölbe
Ein Dach in Halbrundform.

Tragende Konstruktionen
Auf denen das Gewicht anderer Konstruktionen ruht.

Träger
Tragender *Balken* aus *Eisen* oder *Stahl* innerhalb einer Konstruktion.

Trockensteinmauer
Eine Steinmauer, die ohne *Mörtel* zusammenhält.

Turmhelm
Ein hoher, schlanker Bau, der nach oben hin spitz zuläuft. Bildet den höchsten Punkt eines Kirchturms.

Ummantelung
Bei einem Bauwerk die außen sichtbare Schicht aus *Stein* oder Ziegel.

Verbindung
Oberbezeichnung für Verbindungen von zwei Bauteilen.

Verglasung
Die Fenster eines Gebäudes; das Einsetzen der Glasfenster.

Vorfertigung
Das Vorfertigen von Bauteilen, besonders von *Betonteilen,* außerhalb der Baustelle; das Gegenteil von *in situ*.

Vorspannung
Das Einlegen von sehr *zugfesten* Seilen oder Stäben in den *Beton*. Diese Seile oder Stäbe werden entweder vor oder nach dem Härten des Betons gespannt, was dem Baustoff die erhöhte Festigkeit verleiht. Ein Beispiel ist der *Stahlbeton*.

Wendeltreppe
Eine im Gebäudeinneren in Windungen aufsteigende Treppe.

Wolkenkratzer
Sehr hohe, vielgeschossige Büro- oder Wohnhäuser. Erst gab es sie nur in den USA, doch seit dem Zweiten Weltkrieg entstehen sie überall auf der Welt. Sie werden gewöhnlich in den Geschäftsvierteln der Großstädte gebaut, um Platz zu sparen.

Zapfen
Träger aus Holz oder *Mauerwerk,* der in den *Nut* eines anderen Bauteils gesteckt wird, um auf diese Weise eine feste *Verbindung* der beiden Bauglieder herzustellen.

Zement
Entsteht durch starkes Erhitzen und nachfolgendes Mahlen von *Lehm* und *Kalkstein*. Ergibt in Verbindung mit Sand und Zuschlägen harten *Beton*.

Ziergiebel
Bezeichnet in der *Klassischen Architektur* das Mauerdreieck über dem Gebälk.

Zikkurat
Ein pyramidenartiger Turmbau im alten Mesopotamien, gewöhnlich aus *Backstein,* der mit *ungebrannten Ziegelsteinen* verkleidet wurde.

Zugfestigkeit
Die Fähigkeit eines Werkstoffs, den auf ihn einwirkenden Zugkräften zu widerstehen; das Gegenteil von Druckfestigkeit.

Zugkraft
Entsteht durch den Zug, der auf von beiden Seiten auf einen Körper einwirkt; das Gegenteil von Druckkraft.

Index